Es bueno dar gracias

COLECCIÓN
ESPIRITUALIDAD
46

José Carlos Bermejo

Es bueno dar gracias

Oraciones que dicen bien

 Mensajero

Impreso en España. *Printed in Spain*
ISBN: 978-84-271-4900-7
Depósito legal: BI-13-2024

Fotocomposición:
Rico Adrados, S. L. (Burgos) / www.ricoadrados.com

Impresión y encuadernación:
Ulzama, S. L. – Huarte (Navarra) / www.ulzama.com

Índice

ÍNDICE

Presentación

Gracias, gracias, gracias. Salidas del corazón, hacen bien a quien las da y a quien las recibe. Dar gracias es un modo de mirar alrededor y experimentar todo lo que nos es regalado, lo que no es fruto de nuestro esfuerzo ni del merecimiento. Es bueno dar gracias. Humaniza.

Teilhard de Chardin, filósofo jesuita, decía: «Me recibo mucho más que me hago a mí mismo». Las pasividades nos hacen conscientes de la posibilidad que tenemos de acoger –empezando por nosotros mismos– lo que nos puede ayudar a crecer y contribuir a la humanización del mundo.

Las pasividades, para Teilhard, son todo aquello que nos sobreviene, lo que nos acontece fuera de nuestro concurso, lo que no podemos causar ni evitar. Vivir agradecidos por las pasividades, por lo que nos viene dado, es una oportunidad de transformación de la mirada hasta identificar el bien que hay a nuestro alrededor.

Ciertamente, más difícil resulta descubrir las pasividades de disminución que las pasividades que se presentan como fuerzas amigas y favorables, que sostienen nuestros esfuerzos y nos dirigen al éxito, las pasividades de crecimiento. En todo caso, acoger lo que nos viene dado nos abre al agradecimiento.

Es la experiencia de Job, quien, tras debatir consigo mismo y ser receptor de toda forma de consuelo –ineficaz– de sus amigos, se abre al reconocimiento del bien que hay a su alrededor (Job 34,16). En esta obra de arte de la literatura universal se muestra cómo la acción de gracias es compatible con la lamentación. En particular, la contemplación de la naturaleza provoca una atención a lo que no está en nuestra mano, sino que es recibido como regalo.

Los estadounidenses han interiorizado esta categoría de acción de gracias y, más allá del modo como se pueda celebrar ahora, la fiesta evoca que, tanto individual como comunitariamente, es sano, es bueno, expresar y celebrar el agradecimiento. El día de Acción de Gracias es una fiesta en que se reconocen y se celebran todas las bendiciones recibidas de Dios.

Estas páginas contienen ciento cincuenta oraciones de agradecimiento. Continúan aquellas otras ya publicadas en otros libros, y son expresión del reconocimiento de lo que nos viene dado. Se pueden utilizar individual o grupalmente, en la intimidad o en un contexto grupal; en diferentes momentos del día.

Estas páginas son, pues, la reacción de los ojos que miran y ven y nombran realidades sencillas, humildes, quizás dinámicas humanas, que, al reconocerlas, provocan una reacción de agradecimiento. Verbalizar el agradecimiento, dirigirlo al Padre bueno, es una dinámica humanizadora, que puede ayudar no solo a su identificación, sino también a su mayor disfrute, provocando una mayor intensidad de «vida buena», en sentido aristotélico.

Quiera Dios que estas páginas contribuyan a apreciar aspectos de la vida, del mundo, de las personas, que desempeñan un papel importante en nosotros, que estamos llamados a identificar, nombrar, y cuya acogida humilde y agradecida hemos de expresar.

La gratitud, la acogida de las «pasividades», genera una hospitalidad que favorece la vida en positivo. La gratitud beneficia la salud y promueve buen humor en uno mismo, que puede contagiarse en derredor. A buen seguro, el agradecimiento puede hacernos más amables, mejores personas, más humanos. Es bueno dar gracias a Dios.

LOS FÁRMACOS

Padre bueno, gracias por la vida, y gracias por los fármacos útiles.

Gracias por los fármacos que nos ayudan a controlar síntomas y vivir mejor, los que nos ayudan a curar enfermedades y recuperarnos, los que nos permiten proteger la vida contra los agentes patógenos, los que nos ayudan a descansar y dormir lo necesario...

Gracias por el consumo responsable de fármacos, pautados, supervisados, en sus dosis convenientes, financiados solidariamente, actualizados con la investigación, distribuidos justamente para que estén accesibles.

Gracias por quienes trabajan en las empresas farmacéuticas y promueven la búsqueda de una vida mejor, con mayor calidad, con más posibilidades de expresar las potencialidades que nos enriquecen.

Deseamos que los fármacos lleguen a todos los sitios, que no haya sufrimiento si es evitable por este camino, que las creencias insanas y los prejuicios no impidan los diagnósticos y los tratamientos. Queremos un mundo con menos sufrimiento.

Gracias por los fármacos útiles.
Amén.
San Camilo, ruega por nosotros.

ORACIÓN 2

ALFARERO DEL HOMBRE

Padre bueno, gracias por la vida, y gracias por ser alfarero del ser humano.

Gracias, Padre bueno, porque has creado el universo, las aves del cielo, los peces del mar, la luz y la oscuridad, y has creado al ser humano.

¡Claro! Admiramos la creación. Te buscamos en ella. Te haces luz concreta, espacio puro y tierra amanecida. Te haces, como dice el himno, vigor, origen, meta de los sonoros ríos de la vida.

Te percibimos en el árbol, y en la melodía del agua, en la abundancia del mundo a mediodía, y sentimos que estás de corazón en cada cosa.

Gracias, Padre bueno, que te haces presencia y gracia en la soledad, en las tinieblas, en los encuentros, en el amor, en la motivación para la paz entre las personas y en el corazón de cada una.

Gracias por ser alfarero del ser humano.
Amén.
San Camilo, ruega por nosotros.

LA LUZ DEL AMANECER

Padre bueno, gracias por la vida, y gracias por la luz del amanecer.

Gracias por la luz que vence contra las tinieblas de la oscuridad, la luz del sol que nos regalas y que invade cada mañana y da vida a la naturaleza, y en la cual nos movemos y nos organizamos activamente.

Gracias por la luz con la que iluminas nuestras conciencias, arcas sagradas donde nos susurras, donde pones ante nuestra mirada el bien que atrae, la posibilidad de discernir. Gracias por la luz ante la que nos dejas libres para elegir, responsables de nuestras opciones, capaces de ser protagonistas de nuestra libertad, pudiendo elegir incluso el mal.

Gracias por la luz que nos deja percibir de manera diferente y que nos permite hacernos ideas distintas de la realidad. Deseamos adecuarnos a la verdad, al bien y a la belleza en su atractivo, de modo que hagamos lo que es bueno, lo que humaniza, y desechemos lo que genera sufrimiento evitable.

Gracias por la luz del amanecer.
Amén.
San Camilo, ruega por nosotros.

BEBIDAS REFRESCANTES

Padre bueno, gracias por la vida, y gracias por las bebidas refrescantes.

Gracias porque nos refrescamos, nos hidratamos, con bebidas amables, que nos hacen sentir bien, particularmente en el calor de las jornadas.

Gracias porque deseamos llevar una vida fresca, refrescante para los demás, que aligere las cargas y los malestares, que dé reposo en las fatigas, que sea compasiva y bondadosa, liberadora y gratificante.

Deseamos ser, para los otros, motivo de alivio y consuelo, de bienestar y agrado. No queremos ser peso que hace sufrir, carga que molesta, juicio que descalifica, piedra que provoca tropiezo.

Nos comprometemos a contagiar frescura en las relaciones, libertad en la interdependencia, gusto por vivir y disfrutar, porque así honramos la dignidad humana, creación tuya.

Gracias por las bebidas refrescantes.
Amén.
San Camilo, ruega por nosotros.

CAMILO DE LELIS

Padre bueno, gracias por la vida, y gracias por san Camilo de Lelis.

Gracias por el patrono –junto con san Juan de Dios– de enfermos, enfermeros y hospitales.

Gracias por el espíritu de san Camilo, espíritu de finura y de compasión para con los enfermos. Gracias por el espíritu de san Camilo, espíritu de ternura y de actitud materna para con los enfermos. Gracias por el espíritu de san Camilo, espíritu de proximidad y de servicio creativo e integral para con los enfermos.

Gracias por el gigante de la caridad, por el reformador de la sanidad del siglo XVI que se mantiene de actualidad y que constituye un referente de humanización si –como él exhortaba– ponemos el corazón en las manos, la sabiduría del corazón en las conductas, el potencial ético de la razón cordial en las decisiones y en los comportamientos.

Gracias, Padre bueno, por todos los profesionales de la salud que se inspiran en san Camilo, su patrón.

Gracias por san Camilo de Lelis.
Amén.
San Camilo, ruega por nosotros.

CAMILOS

Padre bueno, gracias por la vida, y gracias por los camilos.

Gracias por los religiosos camilos, que se reparten por los cinco continentes, en comunidades que buscan cómo humanizar el mundo de la salud y del sufrimiento humanos.

Gracias por los religiosos camilos que prestan servicios de salud, servicios de cuidados a los mayores, acompañamiento al final de la vida, atención al duelo... Gracias por los camilos que son sacerdotes, por los camilos que son gestores de centros de salud o servicios sociales, por los camilos que son médicos, por aquellos que son enfermeros, por los que son psicólogos en el campo de la salud, por los que son auxiliares del cuidado directo en la enfermedad y la dependencia. Gracias por los camilos que coordinan actividades, los que gobiernan la orden, los que hacen tareas que, de alguna manera, sostienen la dimensión carismática del grupo en el mundo y en tantos países.

Gracias por los religiosos camilos, a los que felicitamos por su fiesta, por su patrón san Camilo de Lelis, a los que deseamos vida coherente y fiel a su fundador.

Gracias por los religiosos camilos.
Amén.
San Camilo, ruega por nosotros.

PROFESIONALES
DE LA SALUD HUMANIZADOS

Padre bueno, gracias por la vida, y gracias por los profesionales de la salud humanizados.

Gracias por los profesionales que desarrollan lo mejor de la condición humana al servicio de los enfermos y de la salud. Gracias por los que no se esconden detrás de la tecnología, no se defienden de la implicación, logran la justa distancia, se cuidan y cuidan profesional y entrañablemente a las personas enfermas y frágiles.

Gracias por los profesionales de la salud que encuentran en san Camilo un modelo, un referente, un patrón al que mirar, al que invocar, al que acudir para identificar claves actuales de cuidado humanizado, tierno, entrañable, profesional, adecuado, profético, sano en las motivaciones, limitado cuando procede.

Gracias, Padre bueno, por los profesionales de la salud que se preguntan cómo seguir mejorando el mundo de los cuidados, el reconocimiento social justo. Gracias por quienes sirven a una salud humanizada, corresponsable y vivida como don y tarea.

Gracias por los profesionales de la salud.
Amén.
San Camilo, ruega por nosotros.

EL CUIDADO COMO OBRA DE ARTE

Padre bueno, gracias por la vida, y gracias por el cuidado como obra de arte.

Gracias porque podemos pensar, diseñar y prestar servicios de cuidado como una obra de arte, no solo como un imperativo del deber o de la satisfacción de necesidades de las personas enfermas o dependientes.

Gracias por quienes logran desarrollar ideas de belleza en el cuidado, de confort en los modos de cuidar, de arquitectura adecuada a la dependencia y la discapacidad. Gracias por quienes entablan relaciones bellas, sencillas, de atención amable y respetuosa, que hacen sentirse bien a quienes necesitan del cuidado de otros.

Gracias por quienes hacen de la alianza terapéutica una obra de arte de las relaciones interpersonales, con actitudes y habilidades de comunicación que humanizan y generan satisfacción por compasión.

Gracias por las relaciones logradas en el cuidado.

Gracias por el cuidado como obra de arte.
Amén.
San Camilo, ruega por nosotros.

LOS HUMORISTAS

Padre bueno, gracias por la vida, y gracias por los humoristas.

Gracias por los profesionales del humor, los que saben hacer reír, los que logran entretener a las personas y a los grupos por medio de bromas, situaciones divertidas, interpretaciones creativas y admirables.

Gracias por los humoristas que saben mirar la realidad con gracia, encontrar el foco posible que genera reacción amable, graciosa, divertida, entretenida, sugerente, creativa.

Gracias por los humoristas respetuosos de todas las personas. Gracias por los humoristas críticos, que desvelan realidades con lenguaje simbólico, sugerente, provocador. Gracias por los humoristas que trabajan en el mundo de la salud, del sufrimiento, los que provocan sonrisas en los enfermos, en los niños enfermos, en los que están más solos.

Gracias por los humoristas que generan salud.
Amén.
San Camilo, ruega por nosotros.

LOS ACUERDOS

✳

Padre bueno, gracias por la vida, y gracias por los acuerdos.

Gracias por las personas que firman acuerdos, las que representan instituciones que realizan alianzas, las que pactan compromisos y consensúan objetivos de interés común y beneficios recíprocos.

Gracias por los que logran ponerse de acuerdo salvando las distancias, diferencias, discrepancias. Gracias por los que tienen el carácter mediador, los que ayudan a identificar los puntos de encuentro, las conveniencias de caminar juntos.

Gracias, Padre bueno, por los que encuentran en el diálogo y en la colaboración el camino para llegar a acuerdos beneficiosos que humanizan y contribuyen a construir un mundo mejor, más viable en su complejidad, más accesible y generador de salud en todas las esferas de la vida.

Gracias por los acuerdos.
Amén.
San Camilo, ruega por nosotros.

LA SINODALIDAD

Padre bueno, gracias por la vida, y gracias por la sinodalidad.

Gracias por la posibilidad de caminar juntos, de escucharnos unos a otros y sumar fuerzas reconociendo la aportación que todas las personas pueden hacer para buscar el bien.

Gracias por quienes sinodalmente se ponen de acuerdo y tienen el coraje de cambiar, de introducir novedades superando la fuerza de la conservación férrea, superando la rutina resistente a los avances humanizadores.

Gracias, Padre bueno, por los que están dispuestos y logran abrir su mente a las novedades, a la escucha genuina de los argumentos que pueden persuadir de tomar caminos de bondad y desarrollo humano y de las organizaciones.

Gracias por la sinodalidad en la Iglesia.
Amén.
San Camilo, ruega por nosotros.

LOS ALUMNOS DE PRÁCTICAS

Padre bueno, gracias por la vida, y gracias por los alumnos que hacen prácticas en profesiones de salud.

Gracias por las personas que se preparan adecuadamente para cuidar de la salud de los demás y de la propia. Gracias por los procesos adecuados de entrenamiento, aprendizaje práctico y supervisión que ayudan a adquirir pericia y habilidades suficientes para el manejo de situaciones difíciles, de manera siempre personalizada.

Gracias, Padre bueno, por quienes supervisan, por las actitudes adecuadas de supervisión. Gracias por los supervisores que ayudan a sacar lo mejor de cada uno de los alumnos en prácticas, con actitudes de respeto y promoción de las personas en clave de virtudes en los cuidados. Gracias a los que enseñan a hacer bien el bien.

Gracias por los alumnos que hacen prácticas
y por sus supervisores.
Amén.
San Camilo, ruega por nosotros.

LOS QUE SE JUBILAN

Padre bueno, gracias por la vida, y gracias por los que se jubilan.

Gracias por los que saben retirarse profesionalmente, los que viven correctamente los vínculos contractuales, las responsabilidades laborales, y saben ponerles fin correctamente, dando espacio a nuevas generaciones, transmitiendo su experiencia, acompañando en los procesos de incorporación de nuevos profesionales.

Gracias, Padre bueno, por los que se jubilan correctamente, se retiran a gusto, dejan el agradecimiento en los demás como nota característica, piden disculpas y entregan su legado espiritual, desde lo aprendido humanamente como profesionales.

Gracias por los que saben renunciar a sus roles sin mostrar apego inadecuado, encontrando los modos de seguir sirviendo a la sociedad con el saber, con el saber hacer y con el saber ser.

Gracias, Padre bueno, por los que, al jubilarse, humanizan su entorno, porque dan ganas de seguir los pasos de personas buenas, nobles, leales.

Gracias por los que se jubilan bien.
Amén.
San Camilo, ruega por nosotros.

LOS QUE GESTIONAN BIEN LA ENVIDIA

Padre bueno, gracias por la vida, y gracias por los que gestionan sanamente la envidia.

Gracias porque sentimos que la envida puede corroer, puede destruir relaciones, generar sufrimiento, hacer daño a los grupos, a las familias, a los equipos de trabajo. Pero al saberlo, al reconocerlo, logramos encauzar la energía del deseo y atractivo del bien de los demás. Gracias porque logramos no dejarnos arrastrar por la destrucción de los demás que tienen cualidades que nos atraen. Gracias porque logramos no dejarnos invadir por el deseo del mal a los demás.

Gracias, Padre bueno, porque en nuestro interior solo admitimos la envidia sana, la dinámica de admiración saludable de los bienes de los demás, la que nos estimula a crecer también nosotros, a disfrutar de los bienes ajenos, a respetar las diferencias y construir relaciones respetuosas y gozosas.

Gracias por los que gestionan sanamente la envidia.
Amén.
San Camilo, ruega por nosotros.

LOS DISCURSOS

Padre bueno, gracias por la vida, y gracias por los discursos.

Gracias por las palabras pronunciadas en asambleas celebrativas, cargadas de contenidos simbólicos, repletas de agradecimientos, llenas de reflexiones con carácter de propuestas, de enseñanzas provocadoras, de ideales compartidos.

Gracias por los discursos preparados, los que, dentro de la rutina, aportan algo específico, nacen del corazón de quienes los proclaman, transmiten esperanza para dedicarse a hacer realidad valores nobles que contribuyan a construir un mundo mejor.

Gracias por los discursos que cooperan a hacer fiesta, los que indican hospitalidad, los que señalan la relevancia de los ritos de iniciación, de transición o de cierre.

Gracias por los discursos que se convierten en pregones, y evocan la historia, desvelan el presente, identifican claves que refuerzan sanas tradiciones.

Gracias por los discursos.
Amén.
San Camilo, ruega por nosotros.

LAS CONDUCTAS IMPECABLES

Padre bueno, gracias por la vida, y gracias por las conductas impecables.

Gracias por los modos de proceder limpios, radicalmente sanos, que no pueden ser reprochados por ningún motivo, porque son transparentes y coherentes con los valores.

Gracias por las conductas nobles, que logramos tener con rectitud de intención y motivaciones purificadas, que responden a la conducta prosocial de la solidaridad y la compasión, del compromiso con los demás y con uno mismo.

Gracias por las conductas puras, las que pueden ser sometidas a todo tipo de análisis y cuestionamientos y se sostienen por sí mismas, porque solo buscan y logran el bien, incluso en situaciones complejas.

Gracias por las conductas impecables,
sin pecado, limpias.
Amén.
San Camilo, ruega por nosotros.

LA PROCLAMACIÓN

Padre bueno, gracias por la vida, y gracias por la proclamación.

Gracias por los que dicen en voz alta y públicamente, de manera solemne, una cosa de interés, con relevancia para los demás.

Gracias por los que declaman, recitan textos bellos con entonación adecuada, interpretan papeles en teatros, participan en celebraciones... Gracias porque al declamar dan dignidad a las palabras y sus significados.

Gracias por los que proclaman tu Palabra, Padre bueno, y logran atraer atención y generar entendimiento, de modo que se convierte en alimento y estímulo para una vida virtuosa y buena. Gracias por los que presiden celebraciones religiosas y, con su decoro y criterios positivos, atraen a la asamblea en clave oracional de alabanza, agradecimiento, petición, compromiso, consuelo...

Gracias por los que proclaman.
Amén.
San Camilo, ruega por nosotros.

EL VALOR

Padre bueno, gracias por la vida, y gracias por el valor.

Gracias por el valor que tienen y que les damos a las cosas, por sus cualidades, porque las apreciamos, por su utilidad, porque nos remiten a valores espirituales.

Gracias por las cosas que tienen valor y no tienen precio, porque no son intercambiables, porque no son mercancías, porque su sentido y significado no se pueden materializar en dinero.

Gracias por las personas que intercambian cosas que tienen precio sin que medie el dinero, el beneficio, porque lo hacen gratuitamente, altruistamente, regalando así el tiempo, los bienes, el saber, al servicio de causas nobles y buenas.

Gracias, Padre bueno, por el valor de la vida humana, nunca cuantificable en términos de precio y dinero. Gracias por el valor de la paz, del amor, de la solidaridad, de la justicia, de la salud...

Gracias por el valor.
Amén.
San Camilo, ruega por nosotros.

LA COMUNIDAD

Padre bueno, gracias por la vida, y gracias por la comunidad.

Gracias por las personas que constituyen grupos y partes de un todo más grande, que se agrupan en torno a intereses comunes, pasiones compartidas, vocaciones específicas.

Gracias por las comunidades de vecinos, las comunidades autónomas, las comunidades como partes de ciudades... Y, en particular, gracias por las comunidades religiosas.

Sí, gracias por los grupos de personas, hombres y mujeres, que han hecho de su vida en común células de concentración de valor, de carisma, de pasión por construir un mundo mejor. Se reúnen en torno a la oración, a la misión, a la solidaridad, a la educación, al mundo de la salud, de los servicios sociales; se reúnen en torno a formas distintas de marginación y necesidades. Viven compartiendo los bienes, las costumbres, la casa; planifican su cotidiana convivencia, se organizan, se cuidan, se quieren.

Gracias por las comunidades que nos sigues regalando, que encarnan los valores de la vida consagrada y muestran la belleza y la riqueza de los carismas.

Gracias por las comunidades.
Amén.
San Camilo, ruega por nosotros.

LOS DESAGRAVIOS

Padre bueno, gracias por la vida, y gracias por los desagravios.

Gracias por la posibilidad que tenemos de compensar los agravios, los perjuicios causados, los males u ofensas generados a otra persona.

Gracias porque podemos reparar, restablecer la justicia, ayudar a las víctimas, corregir los errores, disculparnos por el mal generado, reconocer humildemente nuestros errores.

Gracias por los gestos de desagravio cargados de sentido simbólico, de ejercicio de humildad por parte de quienes los hacen, llenos del deseo de justicia y restauración.

Gracias por las dinámicas que pueden ayudar a las víctimas a encontrar consuelo y ayuda, tras sufrir las consecuencias de conductas que generan daño.

Gracias por los desagravios.
Amén.
San Camilo, ruega por nosotros.

LOS OBISPOS NUEVOS

Padre bueno, gracias por la vida, y gracias por los obispos nuevos.

Gracias por los servidores de la Iglesia que prestan servicio de liderar, coordinar, presidir, a los seguidores de Jesús. Gracias por los nuevos obispos que son nombrados en sintonía con el deseo de construir un mundo más humano y entrañable, sin pesos innecesarios, con amor por la justicia y la paz.

La Iglesia necesita buenos pastores, cercanos a las personas de fe, a quienes buscan a Jesús con simplicidad. Los creyentes esperan ejemplos de pasión por un reino de amor y de confianza en Ti, Padre bueno.

Te agradecemos el servicio de los nuevos obispos que dibujan una Iglesia de fraternidad, de solidaridad y hospitalidad compasiva.

Gracias, Padre bueno, por los buenos obispos.
Amén.
San Camilo, ruega por nosotros.

LAS VACACIONES SANAS

Padre bueno, gracias por la vida, y gracias por las vacaciones sanas.

Sí, gracias por el tiempo de descanso que nos arbitramos para cuidar nuestra mente, nuestro cuerpo, nuestras relaciones familiares y de amistad.

Gracias por las vacaciones que significan desconexión de las preocupaciones laborales, de las rutinas diarias, del cansancio de la actividad productiva.

Gracias por las vacaciones logradas en clave de contemplación, de cuidado del espíritu, del descanso oportuno, de descubrimiento de nuevos rincones bellos del mundo, de tertulias liberadoras.

Gracias por las vacaciones sin excesos ni derroches, ajustadas equilibradamente a criterios de austeridad y prudencia.

Gracias porque nos reclamas el descanso como dinámica humana, de acogida de la gratuidad, de conciencia de que la vida no es solo hacer.

Gracias por las vacaciones sanas.
Amén.
San Camilo, ruega por nosotros.

LAS FIESTAS DE LOS PUEBLOS

Padre bueno, gracias por la vida, y gracias por las fiestas de los pueblos.

Gracias por las celebraciones sanas de la tradición, con referentes de virtud (santos), que permiten a la gente encontrarse con alegría, mantener costumbres que dan identidad, que convocan a las familias, que refuerzan la amistad.

Gracias por quienes saben celebrar con alegría, manteniendo equilibrio, consumiendo moderadamente, reforzando la hospitalidad para quienes acuden de otros lugares.

Gracias, Padre bueno, porque, con las fiestas, volvemos a nuestros lugares de origen, recordamos nuestra infancia, cantamos con alegría, hacemos vacaciones y honramos la memoria de nuestros antepasados.

Te celebramos a Ti, Padre bueno, presente en nuestra alegría.

Gracias por las fiestas de los pueblos.
Amén.
San Camilo, ruega por nosotros.

LAS PERSONAS CON CAPACIDADES DIFERENTES

Padre bueno, gracias por la vida, y gracias por las personas con discapacidad.

Gracias por las personas que, teniendo capacidades diferentes, nos lanzan el desafío de la integración, del aprecio por la vida en su fragilidad, en el reclamo de cuidado y ternura.

Gracias por los que nos muestran el valor del ser, por encima del producir, del hacer. Gracias por quienes nos interpelan desde su silla de ruedas, desde su limitación intelectual, desde sus formaciones físicas diferentes.

Gracias por los centros que cuidan a las personas con discapacidad, por quienes las miran en positivo, saben identificar sus valores, las quieren y se dejan querer por ellas.

Gracias por las asociaciones que ayudan a las personas con capacidades diferentes, y contribuyen a su integración y participación social.

Gracias por las asociaciones de personas
con discapacidad que concentran valores y trabajan
por la solidaridad y la integración.
Amén.
San Camilo, ruega por nosotros.

LA RECONCILIACIÓN

Padre bueno, gracias por la vida, y gracias por la reconciliación.

Gracias por la posibilidad que tenemos las personas de reconstruir los lazos después de las ofensas.

Gracias porque podemos perdonarnos y decidir, cuando es oportuno, abandonando el rencor y el deseo de venganza, restablecer los vínculos dañados por las ofensas.

Gracias por esta posibilidad humanizadora de vivir reconciliados, apoyados en la bondad de las relaciones recuperadas, restablecidas por la reparación de los daños que, consciente o inconscientemente, nos hacemos.

Gracias, Padre bueno, por la reconciliación en las parejas, en la amistad, en las comunidades, entre los grupos, entre los pueblos.

Gracias, Padre bueno, por el don de la reconciliación,
que también podemos celebrar.
Amén.
San Camilo, ruega por nosotros.

EL DIÁLOGO FRATERNO

Padre bueno, gracias por la vida, y gracias por el diálogo fraterno.

Gracias porque podemos llegar a un encuentro gracias a las palabras que hacen de puente entre las personas. Te agradecemos que nos hayas regalado el encuentro dialógico, el proceder del razonamiento, la expresión de afectos, las posibilidades de discernir.

Gracias, buen Dios, porque creemos en Ti como diálogo, como donación y comunión dialógica en tu Trinidad, y como diálogo revelado en la historia de la encarnación y la Pascua.

Nos has mostrado que el diálogo es saludable, puede dar salud, puede reparar el daño, puede aproximar en las diferencias, liberarnos del sufrimiento evitable, acompañarnos con el consuelo en el sufrir inevitable.

Gracias, Padre bueno, por el diálogo que busca el encuentro, que desea ser constructivo y pacífico, nunca humillante ni falto de respeto.

Gracias por el diálogo fraterno.
Amén.
San Camilo, ruega por nosotros.

LAS PALABRAS HUMILDES

Padre bueno, gracias por la vida, y gracias por las palabras humildes.

Gracias por las palabras simples, las que no ofenden, las que no agreden, las que aproximan con sencillez, las que son transparentes, las que dicen bondad.

Gracias por las palabras libres, sanas, sinceras, las del diálogo, las del encuentro. Gracias por las palabras tiernas, las que están hechas de blandura.

Padre bueno, gracias por las palabras que están construidas con arte, las artesanas, las que humildemente encarnan las ideas, las emociones, los valores.

Gracias por las palabras que iluminan en la oscuridad de los senderos de los conflictos, por las palabras que piden perdón, las que regalan perdón, las que reconcilian en los desencuentros, las palabras que hacen de pegamento, las que ennoblecen la condición humana frágil y relacional.

Gracias por las palabras humildes.
Amén.
San Camilo, ruega por nosotros.

LOS CORAZONES BONDADOSOS

Padre bueno, gracias por la vida y gracias por los corazones bondadosos.

Gracias por quienes albergan un corazón de carne, sensible, que palpita al ritmo de la búsqueda del bien y la bondad. Gracias por los corazones que aman, los que se ablandan, los que no son retorcidos ni duros, los corazones compasivos, abiertos al encuentro.

Gracias, Padre bueno, por los corazones bienintencionados, honestos, rectos, que fraguan planes de bien, los que no se mueven en intrigas ni perversiones, sino en bondad inteligente, bondad que ve las entretelas del amor.

Gracias por los corazones que velan, que ven con ojos de luz, los que bullen de voluntad sanadora. Gracias por los corazones que se abren a la formación de las motivaciones y las capacidades de ayudar con competencia.

Gracias por los corazones bondadosos.
Amén.
San Camilo, ruega por nosotros.

LOS QUE CUIDAN A LOS ANIMALES

Padre bueno, gracias por la vida, y gracias por los que cuidan a los animales.

Gracias por las personas que cuidan animales que sirven para el sustento de las personas, combinando el respeto por la vida animal con la jerarquía de la dignidad y el señorío del ser humano.

Gracias por quienes tienen que manejar con equilibrio los vínculos con los animales y después su desprendimiento para consumo humano.

Gracias por quienes investigan con animales para lograr conocimientos útiles para la salud de las personas. Gracias por los que respetan las leyes de evitación del maltrato animal y se manejan con respeto en los estudios de fármacos y procedimientos.

Gracias, Padre bueno, por quienes tienen animales domésticos y los respetan y se benefician del vínculo que entablan, encontrando compañía en ellos, además de serenidad y alegría.

Gracias por los que cuidan animales.
Amén.
San Camilo, ruega por nosotros.

LAS ESCUELAS Y COLEGIOS

Padre bueno, gracias por la vida, y gracias por las escuelas y colegios.

Gracias por los centros educativos, en los que los niños aprenden, se relacionan, reciben educación y crecen en madurez.

Gracias por los educadores que logran dinámicas de aprendizaje y desarrollo humanizadas, que evitan el *bullying*, la violencia, las exclusiones, las faltas de respeto.

Gracias por los maestros de escuelas y colegios que se convierten en referentes de conducta humanizada, que enseñan a crecer en el amor, en el respeto, en la conducta no violenta ni machista. Gracias por los maestros que transmiten valores, además de conocimientos. Gracias por los maestros que apuestan por cada alumno, identificando las capacidades de cada quien, y logran estimular las dotes personales para que cada niño o adolescente las desarrolle al máximo, construyendo su identidad y diferencia.

Gracias por los maestros de escuela.
Amén.
San Camilo, ruega por nosotros.

LA SOLIDARIDAD

Padre bueno, gracias por la vida, y gracias por la solidaridad.

Gracias por el resultado de la mirada compasiva que se preocupa por las necesidades de los demás y sale al paso con gestos de ayuda material, relacional, espiritual.

Gracias por la solidaridad organizada, la que se apoya en programas y proyectos diseñados para promover el desarrollo, la educación, la sanidad.

Gracias por las personas que diseñan programas, los evalúan, los supervisan, los justifican, y permiten así la transparencia y la buena gestión de la solidaridad que realizan instituciones públicas y privadas.

Gracias por los que son técnicos de análisis de necesidades, de diseño de proyectos, de valoración, seguimiento y justificación. Gracias por todos los que, con su trabajo, contribuyen al desarrollo humano y la ayuda materializada en dinero.

Gracias por quienes trabajan
en la solidaridad organizada.
Amén.
San Camilo, ruega por nosotros.

EL BUEN HUMOR

Padre bueno, gracias por la vida, y gracias por el buen humor.

Gracias por el logro de un ánimo esperanzado y optimista que conseguimos, en particular algunas personas.

Gracias por el ánimo alegre, el tono vital positivo, compatible con la seriedad en el abordaje de los desafíos de la vida, compatible con el rigor de la disciplina necesaria para el cumplimiento de tareas y obligaciones.

Gracias por esas personas que logran más fácilmente el buen ánimo y, con él, contagian esperanza, ayudan a relajar las tensiones en los conflictos, contribuyen a la buena salud y el bienestar en el ambiente que se crea entre las personas.

Gracias, Padre bueno, por quienes manejan el tono y las palabras para provocar bienestar relacional en las familias, en los grupos de convivencia, en los equipos de trabajo. Gracias por quienes lo logran en los momentos difíciles.

Gracias por el buen humor.
Amén.
San Camilo, ruega por nosotros.

LOS VIAJES

✳

Padre bueno, gracias por la vida, y gracias por los viajes en coche, en tren, en avión...

Gracias porque viajando podemos salir de nosotros mismos, conocer lugares, culturas, cultivar vínculos favorecedores de fraternidad y apoyo mutuo.

Gracias por los viajes cotidianos, que se convierten en rutina, cargados de paciencia y en los que deseamos construir ciudadanía y respeto.

Gracias por los viajes extraordinarios, los que hacemos muy raramente, los que son muy largos, en los que nos proponemos realizar valores añadidos, para los que hacemos esfuerzos, invertimos dinero y tiempo.

Gracias por los viajes con los que construimos puentes humanos de relación fraterna, los viajes en los que tenemos una misión particular para el bien de los demás.

Gracias por los viajes.
Amén.
San Camilo, ruega por nosotros.

EL BUEN MORIR

Padre bueno, gracias por la vida, y gracias por el buen morir.

Gracias por los procesos finales de la vida en los que logramos no encarnizarnos con la tecnología, no colonizarlos solo por la razón científico-técnica.

Gracias por todo lo que logramos aliviar en el dolor y en los síntomas que producen malestar y sufrimiento. Gracias por las dinámicas y los medios paliativos con los que ayudamos a aliviar al final de la vida.

Gracias por las personas que consuelan, confortan, acompañan a los que viven el final de la vida y a sus familias, generando entornos humanizados, conjugando verbos que dan hondura al cierre: *agradecer*, *perdonar*, *dejar legado*, *despedirse*, *ritualizar* y *celebrar*...

Gracias por quienes evitan muertes súbitas, violentas, autoinducidas, sufridas de manera evitable.

Gracias, Padre bueno, por quienes promueven una cultura del buen morir, poniéndose en tus brazos amorosos de dignificación.

Gracias por el buen morir.
Amén.
San Camilo, ruega por nosotros.

LA RAZÓN

✳

Padre bueno, gracias por la vida, y gracias por la razón.

Gracias por el don que nos regalas de mirar con lógica, con respeto, estableciendo relaciones entre ideas, conceptos, sucesos, y formando juicios, opiniones, argumentos para orientar la conducta humana.

Gracias por la razón que se adecua a la verdad y a la justicia, que es coherente entre el pensar, el sentir y el actuar.

Gracias por las razones variadas, complementarias; las que permiten ver desde diferentes puntos de vista.

Gracias por lo que logramos aducir para demostrar algo o convencer a los demás con respeto, con convicción, con adecuación a lo sostenible en la verdad.

Gracias por la razón que se sincroniza con el corazón, la razón ponderada, equilibrada y defendida con humildad y respeto.

Gracias por la razón.
Amén.
San Camilo, ruega por nosotros.

LOS MISIONEROS

Padre bueno, gracias por la vida, y gracias por los misioneros.

Gracias por las personas con espíritu servicial, dispuestas a salir de su tierra y entrar en otras más necesitadas de ayuda de algún tipo: sanidad, educación, celebración de la fe...

Gracias por los misioneros que, dejando su casa y su tierra, regalan su vida lejos, servidores de aquellos a quienes reconocen hermanos y hermanas. Gracias por quienes apuestan por un mundo sin fronteras, un mundo que sabe a fraternidad universal.

Gracias por quienes ayudan a los misioneros solidariamente, con apoyo económico, afectivo, de oración.

Gracias por quienes acogen a los misioneros y se abren así al empeño por humanizar la vida y promover la salud.

———

Gracias por los misioneros.
Amén.
San Camilo, ruega por nosotros.

LAS CUENTAS

Padre bueno, gracias por la vida, y gracias por las cuentas.

Hacemos cuentas para registrar las cantidades, para regular la economía, para planificar, supervisar, validar, hacer balance... Hacemos cuentas porque queremos valorar nuestras posibilidades, gestionar responsablemente los bienes, ser prudentes en el manejo de lo que tenemos y podemos tener.

Deseamos que nuestras cuentas salgan, que sean claras, que reflejen una vida ponderada, transparente, legal, honrada.

Queremos que nuestras cuentas hablen de solidaridad, de compartir, de compartir con las personas con más dificultad. Queremos que nuestras cuentas hablen de honradez con el trabajo, con la familia, con nosotros mismos.

Gracias porque, al hacer cuentas, buscamos un mundo justo y solidario.

Gracias por las cuentas.
Amén.
San Camilo, ruega por nosotros.

EL PODER BIEN UTILIZADO

Padre bueno, gracias por la vida, y gracias por el poder bien utilizado.

Gracias por las personas que utilizan bien el poder de influir sobre otras, de gobernar lo común, de gestionar grupos, proyectos, servicios...

Gracias por quienes, con el ejercicio noble del poder, sirven a los intereses de los grupos y de la sociedad, al bien común, a la justicia y la paz.

Gracias por las personas que ejercen el poder con autoridad porque se la ganan con su coherencia, con su espíritu de servicio, con su mirada global y con la perspectiva de la comprensión del sentido global y de la comprensión de las circunstancias, límites y posibilidades.

Gracias por quienes ejercen el poder con discernimiento, ponderación, mirada estratégica, planificadora y evaluadora.

Gracias por los que hacen buen uso del poder.
Amén.
San Camilo, ruega por nosotros.

EL BUEN TIEMPO

✳

Padre bueno, gracias por la vida, y gracias por el buen tiempo.

Gracias por el tiempo que nos ayuda a vivir armonizados con la naturaleza, a proteger la vida y cuidarla, a mantener la salud y disfrutar de la tierra fértil.

Gracias por el tiempo armónico, el que no nos hace daño desde los extremos, el que atravesamos con mayor confort y posibilidades.

Gracias por el tiempo como oportunidad para el desarrollo, para el bien, para sacarle el jugo al instante. Gracias por el tiempo aprovechado, por el tiempo vivido en clave de salud y bondad con nosotros mismos y con los demás.

Sí, gracias por el tiempo, que es nuestra oportunidad, limitado y valioso. Gracias por el tiempo, que es nuestra vida terrena.

———

Gracias por el buen tiempo.
Amén.
San Camilo, ruega por nosotros.

LA FE

Padre bueno, gracias por la vida, y gracias por la fe.

Gracias por el regalo de poder adherirnos a Ti, libremente, con el valor de poder acogerte, vincularnos, relacionarnos, dejarnos interpelar por la responsabilidad de construir un mundo más parecido a tu reino.

Gracias porque, por la fe, nos movilizamos en obras de solidaridad, de comunidad, de trabajo por una fraternidad universal.

Gracias por la fe que es fuente de consuelo, de sentido, de perdón, de amor y servicio incondicional. Gracias por la fe que mueve montañas, que es motivación sólida, razonada, persistente.

Gracias por la fe que no hace demasiadas teorías, que no se enreda con abundantes razonamientos.

Gracias por la fe humilde.
Amén.
San Camilo, ruega por nosotros.

EL CORAJE DE AMAR

Padre bueno, gracias por la vida, y gracias por el coraje de amar.

Gracias porque nos has creado con corazón capaz de amar a nuestra familia, de amar a nuestros amigos, de amar con actitud de servicio compasivo a quienes sufren, a los enfermos, a las personas con discapacidad, a los transeúntes, a los que inmigran, a los que han perdido la cabeza, a los que delinquen.

Gracias por el regalo del amor de familia, del amor erótico, del amor fraterno, del amor servicial y solidario, del amor por todo prójimo, del amor al mundo que se traduce en cuidado y compasión, en empatía en las relaciones de ayuda.

Gracias, Padre bueno, porque nos has hecho amorosos, con potencial entrañable, con posibilidad y coraje para vincularnos amorosamente.

Gracias por el coraje de amar.
Amén.
San Camilo, ruega por nosotros.

LA SOCIABILIDAD

Padre bueno, gracias por la vida, y gracias por la sociabilidad.

Somos sociales, relacionales, constructores de comunidades, de vínculos de ciudadanía, de identidades culturales, patrióticas, solidarias, convivenciales.

Gracias, Padre bueno, porque nos has hecho capaces de ser ciudadanos que se cuidan, que buscan crear ciudades compasivas.

Vivimos creando vecindad, ciudadanía, relación. Nos prestamos apoyo, servicios, proximidad. Y deseamos que nuestros pueblos y ciudades sean concentración de humanidad. Desearnos no hacernos daño, no generar inseguridad, no producir violencia, no saturarnos en los espacios, calles y carreteras.

Gracias por hacernos ciudadanos de un mundo que aspira a ser comunitario para vivir bien, para que la paz sepa a convivencia y para que dé gusto vivir juntos.

Gracias por la sociabilidad.
Amén.
San Camilo, ruega por nosotros.

IGUALDAD DE GÉNERO

Padre bueno, gracias por la vida, y gracias por los que trabajan por la igualdad de género.

Gracias por quienes ayudan a la humanidad a construir espacios de igualdad, reflexiones sobre la igualdad, leyes sobre la igualdad, tratamientos de igualdad.

Gracias por quienes, apoyados en la igual dignidad humana de hombres y mujeres, se empeñan activamente para que, en la sociedad, en la Iglesia, en el mundo entero, hombres y mujeres seamos mirados con sagrado respeto, sin violencia, con los mismos derechos, apreciando y aprovechando la riqueza de la diversidad y complementariedad.

Gracias por el camino abierto en la Iglesia, tan necesitada de trabajar la igualdad dentro de sí, contando con tanta posibilidad de mirar a Jesús de Nazaret como referente, innovador e integrador de todos, sin distinción.

Gracias, Padre bueno, por darnos la posibilidad de sanar las dinámicas que han creado diferencias injustificables.

Gracias por quienes trabajan
por la igualdad de género.
Amén.
San Camilo, ruega por nosotros.

LA BIBLIA

Padre bueno, gracias por la vida, y gracias por la Biblia.

Gracias por los libros que componen la Sagrada Escritura, el Antiguo y el Nuevo Testamento. Gracias por la riqueza inagotable de tu Palabra, encarnada en la historia, transmitida a través de los siglos, aún por explorar y conocer en su hondura.

Gracias por tu Palabra hecha narración, cargada de sentido, construida en sabiduría, contada en parábolas, convertida en Buena Noticia con poder sanador.

Gracias porque podemos leer la Biblia en nuestra lengua, por quienes la han traducido, quienes la proclaman, quienes investigan para ayudarnos a comprenderla.

Gracias porque nos permites escudriñar la Sagrada Escritura para alimentarnos con desafíos humanizadores y responder a ellos.

Gracias por la Biblia.
Amén.
San Camilo, ruega por nosotros.

LAS ESPERANZAS

Padre bueno, gracias por la vida, y gracias por las esperanzas.

Gracias por los anhelos de mejorar, los deseos de realización de lo bueno, las ganas de superación, las confianzas que nos hacen tenaces y perseverantes.

Gracias por las esperanzas que nos levantan la mirada, que nos afianzan en la ilusión de un devenir hacia el bien.

Gracias por las esperanzas en las que se concretan la confianza en Ti, horizonte y sentido. Gracias por las esperanzas en el triunfo del amor hecho servicios, gestos y dinámicas constructivas.

Gracias por las esperanzas colectivas, las que nos unen, las que nos hacen corresponsables del futuro.

Gracias por las esperanzas.
Amén.
San Camilo, ruega por nosotros.

EL BIEN PENSAR

Padre bueno, gracias por la vida, y gracias por el bien pensar.

Gracias por cuando logramos articular nuestros pensamientos con el bien. Gracias porque podemos controlar con responsabilidad el ir y venir de ideas, intuiciones, planes, interpretaciones...

Deseamos pensar con el corazón, con todo el cuerpo y con toda el alma, con la sangre, con el tuétano de los huesos, con los pulmones y con el vientre, con la vida.

Gracias por quienes, pensando con todo el ser, mueven a la humanidad hacia el bien.

Gracias por el buen pensar, que nace de la humildad, de la escucha, del silencio abierto al susurro de tu Espíritu.

———

Gracias por el buen pensar.
Amén.
San Camilo, ruega por nosotros.

EXPERTOS EN DUELO

Padre bueno, gracias por la vida, y gracias por los expertos en duelo.

Gracias por los estudiosos del sufrimiento que produce la muerte de un ser querido, cuando se rompen los vínculos construidos por el amor, cuando se vive como una amputación de una parte de uno mismo.

Los expertos en duelo buscan cómo ayudar de manera eficaz, cuáles son las claves de comprensión del proceso, cuáles son las tareas que hemos de hacer para atravesar el sufrimiento sanamente, sin complicaciones, sin que se patologice.

Gracias por los que forman especialistas en intervención en duelo complicado, los que supervisan intervenciones, los que escriben libros de ayuda para los dolientes y para los acompañantes.

Gracias por los expertos en duelo.
Amén.
San Camilo, ruega por nosotros.

LOS JÓVENES QUE BUSCAN

✳

Padre bueno, gracias por la vida, y gracias por los jóvenes que buscan.

Gracias por los jóvenes sedientos de vida con sentido, gracias por los que tienen pasión por estudiar, por trabajar, por mirar hacia delante con esperanza, por comprometerse a lograr un mundo mejor.

Gracias por los jóvenes que, a pesar de los motivos para el desánimo, se empeñan personalmente apostando por el futuro, que está también en sus manos.

Gracias por los jóvenes que cuidan el espíritu, que ponen en la fe también su esperanza, que te buscan con apertura a la trascendencia, que siembran de alegría y relaciones positivas el presente.

———◆———

Gracias por los jóvenes que se comprometen
por un mundo mejor.
Amén.
San Camilo, ruega por nosotros.

LA BUENA VIDA

Padre bueno, gracias por la vida, y gracias por la buena vida.

Gracias por la buena vida, cuando está hecha de virtudes, de valores encarnados en la cotidianidad, de relaciones construidas en el amor y la amistad, de actividades que contribuyen a un mundo sano y bueno.

Gracias por la buena vida que hacemos con el servicio recíproco, con el perdón y la reconciliación, con la compasión y la ayuda, con el trabajo y el descanso, con la alegría y la solidaridad en el dolor.

Gracias por la buena vida hecha de sencillos momentos que hacen brillar a las virtudes y las encarnan en salud, en nobleza del ser humano, en respeto sagrado de su dignidad.

Gracias por la buena vida que combina hacer y contemplar, soledad y relación, trabajo y descanso, seriedad y alegría, realismo y esperanza comprometida.

Gracias por la buena vida.
Amén.
San Camilo, ruega por nosotros.

LA RESPONSABILIDAD PERSONAL

Padre bueno, gracias por la vida, y gracias por el regalo de la responsabilidad personal.

Gracias porque nos has hecho capaces de responder por nosotros mismos, de dar razón de nuestro pensar y de nuestro actuar, como indicador de nuestra libertad y posibilidad de elegir.

Gracias porque, siendo responsables, nos hacemos protagonistas de la vida ética, de nuestro deber para con nosotros mismos y para con los demás, deber de respeto y amor solidario.

Gracias porque, al hacernos libres, nos das dignidad, nos permites adecuarnos con responsabilidad a nuestra llamada a ser felices, a vivir bien, a tener una identidad hecha también con nuestras conductas, no solo con lo recibido y lo que nos determina.

Gracias porque has puesto en nosotros las diferentes actitudes que podemos tomar ante los sucesos, ante las personas: con libertad y responsabilidad.

Gracias por la responsabilidad personal.
Amén.
San Camilo, ruega por nosotros.

LOS BUENOS AMIGOS

Padre bueno, gracias por la vida, y gracias por los buenos amigos.

Gracias por los buenos amigos que están ahí, respetuosamente, en nuestra vida, que nos ofrecen confianza y presencia oportuna, referencia en las dificultades, diálogo en las oscuridades, compañía en el ocio.

Gracias por los amigos con los que podemos pensar, los que nos ayudan a discernir, los que nos regalan incondicionalidad, los que saben retirarse para no molestar o para respetar vínculos familiares.

Gracias por los amigos que no saben de distancias, que no son indiscretos ni juzgan, que no nos contaminan con conversaciones tóxicas o negativas, demasiado críticas o repetitivas.

Gracias por los amigos sencillos, los que nos abren la mente a otros intereses, nos estimulan a vivir en la verdad, en la transparencia y la ayuda mutua.

Gracias por los amigos.
Amén.
San Camilo, ruega por nosotros.

LA SEGURIDAD SOCIAL

Padre bueno, gracias por la vida, y gracias por la seguridad social.

Gracias porque nos cuidamos en la enfermedad, en la incapacidad, en la vejez, porque nos organizamos para hacer accesibles los recursos a todos los ciudadanos, con nuestro esfuerzo económico.

Gracias por los países que logran ofrecer la seguridad social a todos los ciudadanos, no solo a unos pocos; a los que trabajan en el marco legal.

Gracias porque queremos cuidar los modos de proteger la salud, y lo queremos hacer sin correctivos que generen esperas o diferencias que deshumanizan. Gracias por todos los modos que nos inspiras para humanizar los procesos de atención, de gestión, de cuidado. Gracias por la sensibilidad creciente para humanizar la asistencia sanitaria.

Gracias por la seguridad social.
Amén.
San Camilo, ruega por nosotros.

LA MOTIVACIÓN

Padre bueno, gracias por la vida, y gracias por la motivación.

Gracias por la energía que nos mueve, la gasolina que nos empuja, el ánimo que nos sostiene, las experiencias que se convierten en motivadoras, los valores que se constituyen en motivación para el bien, para humanizar.

Gracias por las personas motivadoras, las que, con su pasión, su transparencia, su coherencia, su potencial motivacional, arrancan en nosotros ganas y fidelidad suficientes para llevar adelante causas nobles, buenas.

Gracias por la motivación para la vida, para la vida con sentido, para la vida con proyección, para la vida sana.

Gracias por la motivación para el cuidado, para la conducta prosocial y diligente con quien necesita nuestra solidaridad para vivir y vivir bien.

Gracias por la motivación.
Amén.
San Camilo, ruega por nosotros.

LOS DIRIGENTES

Padre bueno, gracias por la vida, y gracias por los dirigentes.

Gracias por las personas que tienen a su cargo gobernar y dirigir pueblos y organizaciones, instituciones y programas; que tienen roles reconocidos de alta responsabilidad comunitaria.

Gracias por los dirigentes que logran no ser corruptos, los que son fieles a los valores que ennoblecen la dignidad humana, los que son transparentes y promueven la corresponsabilidad, los que dan ejemplo y se entregan con el corazón purificado en las manos.

Gracias por los que dirigen con amor, con compasión, con mirada particular a las personas más necesitadas, las más pobres, las que más necesitan de la buena administración de los bienes a fin de que les alcance para llevar una vida justa.

Gracias por los dirigentes.
Amén.
San Camilo, ruega por nosotros.

LAS PERSONAS ANIMOSAS

Padre bueno, gracias por la vida, y gracias por las personas animosas.

Gracias por las personas que encuentran ánimo, tienen ánimo, transmiten ánimo, motivan al bien y a las buenas disposiciones.

Gracias por las personas que tienen energía, sacan energía de sí mismas, transmiten energía y coraje para sostenerse en los planes que favorecen el bienestar, la salud, el cuidado, el perdón, la firmeza y fidelidad...

Gracias por quienes se cultivan interiormente lo suficiente como para vivir animosos y fomentar el buen ánimo a su alrededor, cuidando así la vida agradable, el bienestar.

Gracias por los animosos.
Amén.
San Camilo, ruega por nosotros.

LAS AUTORIDADES MORALES

Padre bueno, gracias por la vida, y gracias por las autoridades morales.

Gracias por las personas referentes en valores, que se constituyen para el mundo en promotoras de la dignidad humana, en defensoras de todo lo que humaniza, en voz de la conciencia que orienta y refuerza en busca de lo bueno, lo bello, lo justo.

Gracias por las personas que, sin imponer, son referencias de valor para los grupos, para quienes, buscando el bien, sienten necesidad de brújulas, orientadores, voces reforzantes, claves de valor.

Gracias por las autoridades morales que, en la libertad de conciencia, logran persuadir sobre lo que humaniza, promoviendo el diálogo deliberativo, el diálogo democrático, el diálogo humanizador, el diálogo interreligioso, el diálogo intercultural, el diálogo...

Gracias por las autoridades morales.
Amén.
San Camilo, ruega por nosotros.

LAS ACCIONES DE CAPACITACIÓN

Padre bueno, gracias por la vida, y gracias por las acciones de capacitación.

Gracias por todas las actividades que se organizan en el mundo para promover la capacitación de los diferentes profesionales y así lograr pericia, competencia suficiente, excelencia en el hacer.

Pero gracias particularmente por las acciones de capacitación que promueven la humanización, las que proponen planes, políticas, estrategias de humanización para reforzar los valores fundamentales que hacen bien a la sociedad y que llevan a cuidarnos con compasión.

Gracias por todas las capacitaciones con contenidos sólidos, preparadas con empeño y entrega, con recursos adecuados, con expertos y estudiosos, que enriquecen y promueven el bien.

Gracias por las acciones de capacitación.
Amén.
San Camilo, ruega por nosotros.

EL PARADIGMA
DEL SANADOR HERIDO

Padre bueno, gracias por la vida, y gracias por el paradigma del sanador herido.

Nos sirve mirarnos a nosotros mismos, en las relaciones interpersonales de ayuda, como capaces de acompañar procesos de sanación, de abordaje de las dificultades de los demás; pero también reconocedores de las propias «heridas».

Los profesionales de la salud y del acompañamiento psico-socio-espiritual, también somos vulnerables, frágiles. Contamos con la historia de nuestras enfermedades, fracasos, duelos, traumas...

El paradigma del sanador herido nos desafía a ser buenos acompañantes porque nos empeñamos en sacar de la experiencia de la fragilidad la fuente de la compasión y de la pericia en humanidad. Nada humano nos es ajeno.

Gracias por el paradigma del sanador herido.
Amén.
San Camilo, ruega por nosotros.

LA MOTIVACIÓN COMPASIVA

Padre bueno, gracias por la vida, y gracias por la motivación compasiva.

Gracias por el dinamismo que nace de las entrañas ante la indignación por el sufrimiento ajeno y, viendo la necesidad de ayuda, desde la conmoción, logra activar respuestas solidarias de ayuda.

Gracias por la motivación compasiva, la motivación sana para salir al paso de las necesidades de los demás, que se aleja de motivaciones espurias.

Gracias por la motivación compasiva, que genera satisfacción por compasión, a pesar de que comporte cansancio y fatiga por compasión.

Gracias por la motivación compasiva de todos los profesionales de la salud que, como ternura de los pueblos, ayudan con competencia a los enfermos.

Gracias por la motivación compasiva.
Amén.
San Camilo, ruega por nosotros.

LA HISTORIA CLÍNICA

Padre bueno, gracias por la vida, y gracias por la historia clínica.

Gracias porque las personas que cuidan a los enfermos se guían por la memoria del trabajo realizado por diferentes profesionales, tienen en cuenta la evolución de la enfermedad y de los procesos de atención.

Deseamos que, en todos los lugares, la historia clínica esté informatizada, sea compartida por quienes tienen necesidad y derecho de cuidar bien, sea respetada sagradamente, contemple los aspectos biológicos, sociales, psicológicos, espirituales... y esté accesible para los diferentes profesionales de la salud.

Nos duele su ausencia en tantos países, su uso con métodos poco accesibles, su poca consideración de lo biográfico que interesa para la salud.

Gracias por los esfuerzos por humanizar informatizando y haciendo accesible la historia clínica, también para su protagonista.

Gracias por la historia clínica.
Amén.
San Camilo, ruega por nosotros.

POLÍTICAS DE HUMANIZACIÓN

Padre bueno, gracias por la vida, y gracias por las políticas de humanización.

Gracias por aquellas instituciones de salud que cristalizan en forma de políticas o estrategias su compromiso de humanizar la atención sanitaria.

Gracias por todas las personas que quieren promover corazones pensantes y «más corazón en las manos» de administradores, profesionales de la medicina, enfermería, psicología, trabajo social, auxiliares... Gracias por todos los que se dan cita en los centros de salud, en los hospitales, en la atención a domicilio, y se dedican a humanizar el cuidado.

Gracias por los líderes que hacen lo que está en sus manos para que la humanización salte de unos a otros «como las pulgas».

Gracias, Padre bueno, por inspirar las mejores disposiciones y actitudes para la atención a los enfermos, a sus familias, a los dolientes.

Gracias por las políticas de humanización.
Amén.
San Camilo, ruega por nosotros.

LA CORDIALIDAD

Padre bueno, gracias por la vida, y gracias por la cordialidad.

Gracias por el mundo inmenso de buenos modales, de amabilidad y afecto en el trato, que encontramos en tantos buenos samaritanos que socorren a personas enfermas.

Gracias por el corazón puesto en las manos por innumerables personas profundamente humanas, que cuidan bien, que hacen bien el bien, que son compasivas y entrañables, además de serviciales y comprensivas.

Gracias por las personas cuyas maneras suavizan, alivian, consuelan, satisfacen necesidades, entregando alma, vida y corazón para atender. Gracias por quienes creen en que también el corazón se puede formar y entrenar para cuidar compasivamente, amorosamente, sin perder por ello la profesionalidad, sino ganándola y honrándola.

Gracias por la cordialidad humana.
Amén.
San Camilo, ruega por nosotros.

EL TRABAJO DE CUIDAR

Padre bueno, gracias por la vida, y gracias por el trabajo de cuidar.

Gracias porque nos haces capaces y nos llamas a cuidarlo todo. Cuidarnos a nosotros mismos, a nuestros familiares, a nuestros compañeros, a los compatriotas, a los lejanos, al mundo que nos lo reclama.

Nos cuesta cuidar. Nos cuesta salir de nosotros mismos para responder a las necesidades de los demás, activar la compasión en las mil maneras en las que se despliega.

Pero queremos cuidar, no solo sanar cuando estamos enfermos. En el cuidar nos va el logro de un mundo más humano, sostenible, para nosotros y para las generaciones futuras.

Nos dejamos interpelar por aquello cuyo cuidado requiere más esfuerzo por nuestra parte. No queremos abandonar lo más costoso, lo menos gratificante.

Gracias por el trabajo de cuidar.
Amén.
San Camilo, ruega por nosotros.

LAS CAPILLAS Y ERMITAS

Padre bueno, gracias por la vida, y gracias por las capillas y ermitas.

Gracias por los espacios que reservamos para el recogimiento, para el culto de pequeños grupos, para honrar referentes de valor en la historia de nuestra comunidad cristiana, para encontrarnos comunitariamente y seguir ritmos de cultivo del espíritu.

Gracias por las capillas sencillas, las que visitamos a veces a solas, con el deseo de recogernos íntimamente, dejarnos interpelar, darnos cuenta del fondo, reconocer nuestra sed, nuestra soledad, nuestra relacionalidad.

Gracias por las capillas de las comunidades religiosas. Gracias por las ermitas en el campo y en la montaña. Gracias porque, usándolas, expresamos nuestra identidad y deseo de cuidar la paz en el corazón.

***

Gracias por las capillas y ermitas.
Amén.
San Camilo, ruega por nosotros.

LAS PLANTAS DE INTERIOR

Padre bueno, gracias por la vida, y gracias por las plantas de interior.

Gracias porque ponemos plantas en nuestras casas, en nuestros trabajos, en los lugares donde realizamos actividades profesionales... y así damos color y evocamos la vida que se ha de cuidar para que también sea bella.

Gracias por la belleza lograda con interiores que integran la naturaleza y hacen bien a la salud, a la armonía buscada, la que deseamos para nuestra cotidianeidad.

Gracias por la biofilia en el diseño de espacios, pero gracias también por lo que somos capaces de lograr personalmente al dar espacio a la naturaleza en nuestro entorno íntimo, en nuestro corazón, haciendo naturales las conductas, integradas en la naturaleza humana, limitada pero solidaria y buena.

Gracias por las plantas de interior.
Amén.
San Camilo, ruega por nosotros.

LA SUPERVISIÓN

Padre bueno, gracias por la vida, y gracias por la supervisión.

Gracias por el ejercicio de supervisar, revisar, acompañar en los procesos, verificando su bondad, su corrección, su eficacia, la pureza de las motivaciones.

Gracias por las personas que supervisan a los que acompañan a otros en el sufrir. Gracias por el tiempo, las metodologías creativas, el empeño por lograr la pericia y la excelencia en la escucha y la interacción de relaciones de ayuda.

Gracias por quienes tienen la paciencia de revisar lo que han hecho en sus encuentros para aprender de ellos, para aprender de la experiencia mediante la reflexión y confrontación con otros. Gracias por la formación de los supervisores, gracias por los supervisores senior, los sabios bien experimentados.

Gracias por la supervisión
del acompañamiento humano.
Amén.
San Camilo, ruega por nosotros.

EL FLUIR

✳

Padre bueno, gracias por la vida, y gracias por el fluir.

Gracias por aquello que está en nosotros como corriente, como manantial, como conectado con la espontaneidad y naturalidad.

Gracias por el fluir de las corrientes de agua pura que nutren a la humanidad y a todas las criaturas. Gracias por el latido materno de la Tierra que oímos si dejamos fluir en nosotros la conciencia de nuestro ser en el mundo.

Deseamos dejar que nuestros ritmos estén acompasados con los de la creación, que nuestros ríos internos sean transformadores y revitalizadores de un mundo bello y bueno, bondadoso y compasivo, humanizado.

Gracias por el fluir de ríos de bien en el mundo, de ríos de bondad y justicia, ríos caudalosos que anhelamos lleguen a todos los rincones del ser humano, a todos los seres humanos, que fluyan para todos.

———

Gracias por el fluir.
Amén.
San Camilo, ruega por nosotros.

LA LUZ DE NOCHE

Padre bueno, gracias por la vida, y gracias por la luz de noche.

Gracias por la luz tenue, por la luz cálida, la luz centrada y focalizada, la luz de rincón, la luz decorativa, la luz que nos ayuda a recogernos, la luz entrañable.

Gracias por la luz que genera procesos de interiorización, de retirada al descanso, de recogimiento, de desconexión de la actividad, de aceptación de la soledad. Gracias por la luz que provoca que nos pongamos cómodos, nos relajemos, revisemos serenamente nuestro caminar por la vida y nos abandonemos al descanso.

Gracias por la luz de noche que decora, que no molesta en los hospitales y centros de cuidados, la luz que evoca, que invita al silencio, que hace los espacios entrañables, recogidos, invitando al respeto y a la intimidad.

Gracias por la luz de noche.
Amén.
San Camilo, ruega por nosotros.

LA VAJILLA

✳

Padre bueno, gracias por la vida, y gracias por la vajilla.

Gracias por todos los recipientes y utensilios que utilizamos para humanizar las comidas, para prepararlas, servirlas, ingerirlas.

Gracias por la dignificación de la condición humana, que logramos al cuidar nuestros encuentros para comer, en torno a los cuales reforzamos vínculos, celebramos fiestas, hacemos reuniones de trabajo, evocamos a nuestros antecesores...

Gracias por la vajilla de cada día, la que nos conecta con la normalidad, la bondad de lo humilde, el valor de lo útil, la belleza de la sencillez, el referente de la rutina que da equilibrio a la vida.

Gracias por la vajilla con la que hacemos del comer un rito, un encuentro, reforzamos una cultura, cuidamos la relación, y en torno a la cual nos convertimos en compañeros de camino, de vida cotidiana.

Gracias por la vajilla.
Amén.
San Camilo, ruega por nosotros.

LAS CUEVAS

Padre bueno, gracias por la vida, y gracias por las cuevas.

Gracias por las cavidades naturales del terreno donde se han cobijado animales y personas, que han sido vivienda para algunos, refugios para otros.

Gracias por las cuevas que, maravillosamente, han creado formas bellas, convirtiéndose en espacios de admiración, de visita, de encuentros musicales, de paseos que evocan una vida en contacto con las características naturales de nuestro entorno, de nuestra tierra.

Gracias por las cuevas que se convierten en metáforas, que refuerzan el valor del conocimiento, del potencial humano de transformación de la naturaleza, la posibilidad de salir de nosotros mismos, a la luz de la vida, de la relación, del encuentro.

Gracias por las cuevas que nos desafían a poner luz, por las zonas oscuras que nos invitan a integrar, a dejar atrás para caminar.

Gracias por las cuevas.
Amén.
San Camilo, ruega por nosotros.

EL TIEMPO DE LA CREACIÓN

Padre bueno, gracias por la vida, y gracias por el tiempo de la creación.

Gracias por el tiempo que nos damos para reconocer y admirar nuestra Tierra, nuestra casa común, llena de vida, necesitada de cuidado, herencia recibida llamada a continuar.

Gracias por nuestra Tierra, que nos interpela sobre el consumo, sobre la limpieza, sobre el deterioro, sobre el cuidado.

Gracias por nuestra Tierra, que podemos transformar mediante la tecnología, para vivir más acordes con nuestro deseo de bienestar, con nuestra dimensión relacional y solidaria, con nuestro potencial de compasión entrañable, con la salud.

Deseamos ser entrañables con la Tierra, que nos reclama ser transformada con prudencia, ser usada con respeto, revisar nuestros estilos de vida –desde lo político a lo individual– para hacer la necesaria «conversión ecológica».

Gracias por la creación.
Amén.
San Camilo, ruega por nosotros.

LOS MARCOS

Padre bueno, gracias por la vida, y gracias por los marcos.

Gracias por lo que rodea, define, decora a un cuadro, una puerta, una ventana... Gracias por lo que fija y encaja, embellece y guarnece, da valor y solidez...

Gracias por los marcos de referencia que son ideas, procesos, acuerdos, marcos legales, dentro de los cuales nos movemos con definición, con evocación de los límites y concreción de los objetivos o espacios de licitud y legalidad.

Gracias por todas las cosas que necesitan un marco, que se definen por los límites acordados, para regularnos con formalidad y respeto.

Gracias por las cosas que conservamos enmarcadas, dándoles así un valor, una dignidad, una dimensión expositiva, un reconocimiento.

Gracias por lo que no tiene marco y así se aprecia en su identidad humilde, en su apertura, en su característica mutable.

Gracias por los marcos.
Amén.
San Camilo, ruega por nosotros.

LOS HIMNOS

Padre bueno, gracias por la vida, y gracias por los himnos.

Gracias por los temas musicales que –libres de prejuicios– expresan sentimientos positivos de identidad, de pertenencia, de vinculación patriótica o de adscripción a las organizaciones o grupos profesionales.

Las personas que se unen en torno al himno que las vincula refuerzan su relación, su filiación, la estima de la dimensión positiva de lo comunitario, lo social, lo espiritual.

Gracias por quienes ponen en sus labios, cantando, los valores que desean que ennoblezcan su identidad y pertenencia, su solidaridad.

Gracias por el refuerzo que hacen los himnos de la propia historia, de la propia profesión, de la bondad del pasado y de los compromisos del presente para construir un mundo mejor.

Gracias por los himnos
que ayudan a reforzar la identidad.
Amén.
San Camilo, ruega por nosotros.

LAS ESCUELAS
QUE EDUCAN EN VALORES

Padre bueno, gracias por la vida, y gracias por las escuelas que educan en valores.

Gracias por los centros educativos que se dedican al desarrollo humano, valórico, psicológico, espiritual, de los formandos y de los educadores. Gracias por quienes hacen de la educación un compromiso con las claves de valor que refuerzan la humanidad haciéndola más justa y solidaria.

Gracias por quienes, junto al saber, se empeñan en adquirir habilidad para transmitir, para motivar, para acompañar procesos personales de crecimiento humano.

Gracias por los centros educativos que integran a personas con capacidades diferentes, que son ejemplo de atención a la discapacidad. Gracias por las escuelas y colegios que previenen y acompañan situaciones complejas, como la de sufrir cualquier forma de acoso. Gracias por los educadores que se forman constantemente en competencias adecuadas para enseñar con profesionalidad y pasión.

Gracias por las escuelas que educan en valores.
Amén.
San Camilo, ruega por nosotros.

EL ECUMENISMO

Padre bueno, gracias por la vida, y gracias por el ecumenismo.

Gracias por el empeño de promover que las Iglesias trabajen en diálogo, en relación constructiva de respeto y aprendizaje recíprocos.

Gracias por el movimiento que tiende a la unidad en la fe, en el cuidado de los valores, en la promoción de la dignidad de hombres y mujeres. Gracias por quienes crecen porque dialogan, porque trabajan para identificar los puntos de encuentro, las claves de fondo, identificando lo nuclear y distinguiéndolo de lo accesorio o de lo que pertenece a costumbres de poca relevancia.

Gracias por todos los esfuerzos por conseguir la unidad entre todas las Iglesias cristianas, y en particular los que se dan cita en torno a la construcción de la paz, de la justicia, de la cultura.

Gracias por el diálogo ecuménico.
Amén.
San Camilo, ruega por nosotros.

LAS TIJERAS

Padre bueno, gracias por la vida, y gracias por las tijeras.

Gracias por las tijeras, que sirven para cortar, para recortar, para separar, para limpiar, para definir los contornos.

Vivimos también aprendiendo a cortar vínculos, sobre todo cuando nos resultan tóxicos; aprendiendo a poner límites y separarnos de las dinámicas no constructivas. Vivimos aprendiendo a limpiar eliminando lo que de negativo crece en nosotros.

Gracias, Padre bueno, porque nos haces libres, capaces de unirnos y separarnos, apegarnos y liberarnos, vincularnos y reforzar nuestra unicidad.

Gracias por la identidad, que deseamos construir siempre sana, marcando los límites con las tijeras éticas, las tijeras psicológicas, que nos ayuden a reforzar las identidades libres y responsables.

Gracias por las tijeras.
Amén.
San Camilo, ruega por nosotros.

LOS TEMPLOS DE LA CARIDAD

✳

Padre bueno, gracias por la vida, y gracias por los templos de la caridad.

Gracias por todos los lugares donde se cuida a los enfermos, a los ancianos, a las personas con discapacidad, a los niños necesitados de educación especial, a los transeúntes, a tantas personas frágiles.

Gracias porque en el cuidado a los frágiles mostramos la identidad humana en su genuino significado, el apoyo recíproco necesario para vivir, y vivir dignamente.

Te honramos a Ti, Padre bueno, no solo en el templo. Te dignificamos en la liturgia del servicio, te reconocemos presente en nuestro prójimo, en aquel en cuyo camino decidimos ponernos para que la nuestra sea una compasión viva.

Gracias por los templos de la caridad que muestran el arte del cuidar, que lo ennoblecen con procesos adecuados y con entornos bellos.

———————

Gracias por los templos de la caridad.
Amén.
San Camilo, ruega por nosotros.

EL FLORECER

Padre bueno, gracias por la vida, y gracias por el florecer.

Gracias por los procesos de nacer, crecer, desarrollarse, presentarse abiertamente, embellecer.

Gracias por todo aquello que logra un nivel de expresión abierta y visual en relación con su potencial interno, con su germen, con su bondad interior en potencia.

Gracias por la naturaleza que florece, las ideas que se desarrollan, los programas que surgen y se aprecian en sus manifestaciones externas.

Gracias, porque florece el campo, florece la vida, pero florecen también la cultura, el espíritu, expresándose en su riqueza, en la abundancia del saber, la bondad del hacer, la hondura del ser.

Gracias por las realidades que alcanzan su buena y bella manifestación y que están arraigadas en sólidas bases de valor.

Gracias por el florecer.
Amén.
San Camilo, ruega por nosotros.

LOS BOSQUES

Padre bueno, gracias por la vida, y gracias por los bosques.

Gracias por la riqueza de la naturaleza concentrada en árboles y arbustos, animales grandes y pequeños, que nos regalas en la creación.

Gracias por los bosques, que estamos llamados a utilizar y cuidar, a aprovechar y respetar, a hacer accesibles, y cuyo equilibrio debemos mantener. Son un pulmón de nuestra vida en la Tierra.

Gracias por el bosque como metáfora, como complejidad, como inspiración para los artistas. Gracias por los boques de los cuentos, que representan lo desconocido, lo que impone respeto, lo que reclama la prudencia, lo que evoca la ecuanimidad ante la complejidad, la admiración ante el misterio.

Gracias por los bosques, que nos guardan sorpresas de vida y desarrollo.

———

Gracias por los bosques.
Amén.
San Camilo, ruega por nosotros.

LA SOSTENIBILIDAD

Padre bueno, gracias por la vida, y gracias por la sostenibilidad.

Anhelamos el equilibrio, lo que puede cuidarse, permanecer, durar, mantenerse vivo y accesible, útil y en proporción suficiente para el equilibrio.

Gracias por el mundo con el que nos comprometemos, que deseamos que sea sostenible por el buen uso que nos comprometemos a hacer de los recursos naturales.

Pero gracias también por las relaciones sostenibles, las relaciones respetuosas en grado suficiente como para ser duraderas; respetuosas como para prolongarse en tiempos que honran la fidelidad y la confianza.

Gracias por la sostenibilidad, que nos invita a mirarnos en sentido global, más allá de las fronteras de nuestro contexto pequeño, próximo.

Gracias por la sostenibilidad.
Amén.
San Camilo, ruega por nosotros.

LOS FRUTOS

Padre bueno, gracias por la vida, y gracias por los frutos.

Gracias por los frutos que encontramos en la naturaleza, en los árboles, en los arbustos, en las pequeñas ramas... Gracias por su riqueza, su variedad, su bondad, su belleza, su utilidad.

Pero gracias también por los frutos como resultado, como consecuencia de los procesos llamados a producir, consecuencia del esfuerzo, del cuidado, de la coherencia de las conductas, del aprovechamiento del conocimiento y de los bienes.

Gracias por el rendimiento, por el producto, por el logro, por lo que conseguimos con nuestras prácticas de uso de las cosas y el saber.

Deseamos buenos frutos, buenos resultados, buen aprovechamiento, para lograr una vida buena, una vida virtuosa y feliz. También por los frutos reconocemos a las personas y su identidad más propia y coherente.

Gracias por los frutos.
Amén.
San Camilo, ruega por nosotros.

LAS PEREGRINACIONES

Padre bueno, gracias por la vida, y gracias por las peregrinaciones.

Gracias por los caminos individuales y comunitarios emprendidos en busca de un bien, de un encuentro, de un objetivo, una meta, de una experiencia del caminar.

Gracias por los sueños cultivados por los peregrinos. Gracias por la esperanza de cada día, traducida en esfuerzo y constancia. Gracias por la bondad del encuentro con la vida como camino. Gracias por poder darnos cuenta de la relevancia de tener compañeros de camino. Gracias por los caminos.

Deseamos cultivar la peregrinación hacia nuestro corazón, en busca de la sede del bien, de la fuente de la vida con sentido, de la identidad lograda. Gracias por las peregrinaciones de los enfermos que buscan salud y solidaridad.

Gracias, Padre bueno, porque podemos peregrinar a Ti, cada día, por el camino de la humildad y de la apertura a tu presencia.

Gracias por las peregrinaciones.
Amén.
San Camilo, ruega por nosotros.

LA PREVENCIÓN DEL SUICIDIO

Padre bueno, gracias por la vida, y gracias por la prevención del suicidio.

Gracias por todos los programas existentes para las personas que acarician la idea de terminar con su vida. Gracias porque podemos hablar del suicidio y así dar apoyo a las personas que piensan en él. Gracias porque podemos reforzar las relaciones constructivas para tener agarraderos de vida. Gracias por las convicciones en el valor de la vida en su misma raíz.

Gracias, Padre bueno, por los esfuerzos comunitarios por encontrar claves de apoyo a las personas vulnerables. Gracias por los programas de salud mental que permiten el cuidado oportuno. Gracias por la educación suficiente que nos refuerza emocionalmente para tolerar la frustración y el fracaso, la rabia y el vacío y sinsentido.

Gracias por todas las relaciones de ayuda a supervivientes, a quienes sufren horrores por perder a un ser querido suicida. Gracias por los expertos.

Gracias por la prevención del suicidio.
Amén.
San Camilo, ruega por nosotros.

LOS SAUCES

Padre bueno, gracias por la vida, y gracias por los sauces.

Gracias por los árboles que tienen las hojas de diferente color por cada lado, que nos regalan vida, sombra, belleza...

Gracias porque los sauces nos ayudan a aceptar que las cosas son diferentes vistas desde arriba y desde abajo, que los puntos de vista son complementarios, que ambos expresan parte de la realidad.

Gracias por los sauces que evocan la mansedumbre, la gracia que se derrama, la perseverancia y paciencia. Gracias por los sauces llorones, que se mantienen en su expresión aparentemente de decaimiento.

Gracias porque queremos ver la realidad desde los diferentes ángulos, para conocerla, para hacer experiencia de la realidad rica y diferente, descubriendo verdades que nos acercan a la realidad.

Gracias por los sauces.
Amén.
San Camilo, ruega por nosotros.

LAS HUELLAS DACTILARES

Padre bueno, gracias por la vida, y gracias por las huellas dactilares.

Gracias porque nuestro cuerpo da razón con sus huellas visibles del contacto del dedo, de la identidad y la diferencia. Nos sorprende la ilimitada posibilidad de diferencia, que nos reclama la dignidad de cada persona diferente.

Gracias por la permanencia de las mismas huellas dactilares durante toda la vida, que nos evoca la continuidad de una identidad llamada a ser fiel a sí misma, a ser construida sobre la base de la biología que se respeta.

Gracias, Padre bueno, por nuestras huellas dactilares, que usamos para la identificación, para la búsqueda de la verdad y para la promoción de la responsabilidad.

Gracias por las huellas dactilares.
Amén.
San Camilo, ruega por nosotros.

LOS NENÚFARES

Padre bueno, gracias por la vida, y gracias por los nenúfares.

Gracias por las flores que nacen en lagunas, charcas y arroyos, donde las aguas parecen turbias y enfangadas. Gracias por la belleza que nace de la aparente fealdad, de donde no cabría esperar la hermosura del nenúfar.

Deseamos también nosotros aprender a sacar belleza de la adversidad, crecimiento también desde lo que no parece fértil o bueno. Deseamos ser resilientes y bellos para los demás, nutridos de toda la experiencia vital que nos toca hacer.

Gracias por las personas que aportan una belleza particular por el modo como afrontan las dificultades y las crisis, con su tenacidad y potencialidad solidaria y resiliente.

Gracias por los nenúfares.
Amén.
San Camilo, ruega por nosotros.

LA JUSTICIA QUE HUMANIZA

Padre bueno, gracias por la vida, y gracias por la justicia que humaniza.

Gracias por la justicia que deseamos se haga vida en el mundo de la salud, necesitado de reparto equitativo de recursos, de buena gestión de los modelos de atención, de honradez en el uso del saber y del hacer para cuidar y sanar.

Gracias por la justicia como igualdad de acceso a la protección de la salud y la seguridad social. Gracias por quienes en los Gobiernos se esfuerzan para lograr una protección sanitaria universal, a la medida de la igual dignidad de todas las personas.

Gracias por la justicia, que deseamos florezca en su plenitud, no solo en la defensa de lo merecido o lo propio, sino en las necesidades de todos los seres humanos para llevar una vida digna.

Gracias por la justicia que humaniza.
Amén.
San Camilo, ruega por nosotros.

LAS RAMAS

Padre bueno, gracias por la vida, y gracias por las ramas.

Sí, gracias por las ramas de los árboles, que configuran la copa y la parte visible de los árboles, que acogen a los pájaros, que nos proporcionan sombra y nos regalan belleza en sus flores y frutos.

Gracias porque se nutren de la solidez del tronco, son generosas según su potencial, expanden en anchura sus posibilidades el potencial de los árboles.

También nosotros deseamos sacar de la común raíz de la humanidad, del mismo tronco de la condición humana, las bellezas y frutos que humanizan, que hacen bien para la vida buena.

Gracias por las ramas y porque queremos sentirnos vinculados como partes del todo de la humanidad sana y sanante.

———

Gracias por las ramas.
Amén.
San Camilo, ruega por nosotros.

EL AGUA LIMPIA
QUE ALMACENAMOS

✳

Padre bueno, gracias por la vida, y gracias por el agua limpia que almacenamos.

Gracias por el agua limpia, que utilizamos para la alimentación e hidratación, para la higiene y la limpieza, para la vida sana y confortable.

Gracias por el agua limpia, que almacenamos y tenemos que cuidar y usar racionalmente, con previsión, con moderación, con respeto de nuestro medio y casa común.

Gracias por el agua limpia que nos da confianza y salud, que nos sirve para arrastrar las impurezas y desechos, que nos da vida y fertiliza nuestros campos y sana nuestra cotidianidad.

Gracias por el agua limpia, que nos interpela sobre nuestras corrientes internas, necesitadas de ser fuentes sanas y sanadoras.

———

Gracias por el agua limpia.
Amén.
San Camilo, ruega por nosotros.

LA PRUDENCIA PARA GOBERNAR

Padre bueno, gracias por la vida, y gracias por la humildad y la prudencia para gobernar.

Gracias por las virtudes de la humildad y la prudencia, que resultan imprescindibles para liderar y gestionar equipos de trabajo, instituciones, programas y servicios.

Gracias por la humildad y la prudencia, que nos vuelven pacientes y perseverantes, reconocedores del bien y de las cualidades que caracterizan a los miembros de los equipos, potenciadores de las bondades de cada uno, acogedores de los límites y tolerantes con los distintos procesos.

Gracias por el tesón del que nos haces capaces, para cultivar salud en las relaciones que pasan por momentos difíciles. Gracias por la humildad con la que queremos vincularnos, también cuando tenemos poder sobre otras personas, por los roles o por la naturaleza de los vínculos.

Gracias por la humildad y la prudencia.
Amén.
San Camilo, ruega por nosotros.

EL OLVIDO DE LAS OFENSAS

Padre bueno, gracias por la vida, y gracias por la ausencia de rencor.

Gracias por la actitud sana de no cultivar la venganza y el rencor, sabiendo perdonar y restablecer los vínculos.

Gracias por quienes superan la resistencia del dar el brazo a torcer, se empeñan en ablandarse y actuar recuperando la bondad de las relaciones.

Gracias por quienes logran superar el deseo de imponerse en los conflictos. Gracias por quienes no se dejan llevar por el afán de salirse con la suya ni se vuelve duros y críticos, construyendo barreras en las relaciones sociales.

Gracias por las relaciones no tóxicas, de ausencia de venganza, de perdón y reconciliación, las que no hacen pagar precio por las ofensas. Gracias por las relaciones compasivas y maduras.

Gracias por el olvido de las ofensas.
Amén.
San Camilo, ruega por nosotros.

LAS PAREJAS QUE NO SE HUMILLAN MUTUAMENTE

Padre bueno, gracias por la vida, y gracias por las parejas que no se humillan.

Gracias por las parejas que saben estar, tanto en privado como en público; que no se reprochan destructivamente, no se desprecian con las palabras y los gestos, las que muestran madurez relacional y aprenden a decirse las cosas con respeto.

Gracias por los diálogos difíciles, los de disenso, los de confrontación, que proceden con oportunas reglas de juego de respeto recíproco, sin palabras ofensivas, sin ridiculizaciones innecesarias, sin desprecios humillantes, que terminan siendo antiestéticos, antiéticos, desagradables, destructivos.

Gracias, Padre bueno, por el abordaje respetuoso del desacuerdo, gracias por la rabia manejada asertivamente, gracias por la paz tejida pacientemente entre las personas.

Gracias por las mimbres de la escucha y la empatía, que tejen las relaciones interpersonales respetuosas.

Gracias por las parejas
que no se humillan mutuamente.
Amén.
San Camilo, ruega por nosotros.

LOS APERITIVOS

✳

Padre bueno, gracias por la vida, y gracias por los aperitivos.

Gracias por los aperitivos que preceden a las comidas, que permiten socializar y reunirse en torno a la conversación y al encuentro.

Gracias por cuanto logramos hacer como aperitivo de algo más sólido, como espera de lo importante, como atención paciente y recíproca del encuentro.

Gracias por los aperitivos de valor, todo aquello que acerca a la luz, al bien, a lo bueno, a lo sabroso, a lo profundo.

Gracias por los aperitivos de los encuentros íntimos, los que preparan la densidad de la relación, la hondura del significado de unos para otros. Gracias por todo lo que hace de aperitivo para el encuentro contigo.

———————

Gracias por los aperitivos.
Amén.
San Camilo, ruega por nosotros.

LAS CAMPANADAS DEL RELOJ

Padre bueno, gracias por la vida, y gracias por las campanadas del reloj.

Gracias por el anuncio del tiempo, de su paso, de su medida, de su puntualidad. Gracias por la evocación de la fugacidad del instante, por el recuerdo de las oportunidades que pasan y piden ser aprovechadas como únicas.

Gracias por los recuerdos que nos evocan las campanadas, de nuestra vida, de nuestra historia, de lugares significativos.

Gracias por las campanadas del reloj que, con su melodía, personalizan nuestros lugares especiales, nuestra vida elegida, nuestro devenir protagonizado.

Gracias por las campanas del reloj que invitan al *carpe diem*, a aprovechar el instante y darle un sentido humanizador.

———

Gracias por las campanadas del reloj.
Amén.
San Camilo, ruega por nosotros.

LAS HOJAS SECAS

Padre bueno, gracias por la vida, y gracias por las hojas secas.

Gracias por la belleza de la que inundas nuestro mundo, también con hojas secas, con hojas de colores, que muestran su muerte decorando los paisajes otoñales, cayendo al suelo, vistiendo de tonos diferentes las copas de los árboles.

Gracias por las hojas secas que nos revelan nuestra identidad pasajera, nuestra finitud, la brevedad de nuestra vida, el ciclo de la naturaleza viva.

Gracias por las hojas secas que nos evocan la decadencia, el fin, la transformación que pasa por la degradación. Gracias por las hojas secas que se convertirán en hogar de fauna y vida necesaria para el equilibrio.

Gracias por las hojas secas.
Amén.
San Camilo, ruega por nosotros.

LAS COMIDAS DE FIESTA

Padre bueno, gracias por la vida, y gracias por las comidas de fiesta.

Gracias porque elegimos alimentos y cocinamos de modos especiales para significar la fiesta, para celebrar, para reunirnos especialmente en torno a la mesa que festeja.

Gracias por quienes preparan comidas de fiesta, esmerándose en los ingredientes, en la presentación, en el gusto.

Gracias porque nos reunimos en torno a tu Fiesta, a tu cena, a la fraternidad que nos reúne como creyentes, con mantel blanco y alimento común, universal, que nos iguala y pone en comunión contigo y con los demás.

Gracias porque nos regalas palabras en la mesa festiva, que hacemos banquete para nuestro interior y para reforzar la solidaridad con todos los seres humanos, a quienes nos comprometemos a que no les falte el pan.

Gracias por las comidas de fiesta.
Amén.
San Camilo, ruega por nosotros.

EL GOZO

❋

Padre bueno, gracias por la vida, y gracias por el gozo.

Gracias por el regocijo del corazón alegre, satisfecho en su profundidad, contento en su intensidad, duradero en su experiencia.

Gracias por el gozo interior por las cosas que tienen valor, sentido, contenido trascendente que nos hace sabrosa la vida.

Gracias por el gozo que experimentamos solo parcialmente con los sentidos, que es siempre evocación de algo más hermoso, placentero, atractivo, bello, bueno.

Gracias por invitarnos a vivir gozosos en nuestro corazón y contagiar el bien que produce en la mirada a nosotros mismos, a los demás y a Ti.

Gracias por el gozo.
Amén.
San Camilo, ruega por nosotros.

LAS OREJAS

Padre bueno, gracias por la vida, y gracias por las orejas.

Gracias porque nos has regalado dos orejas y una boca, para escuchar el doble de lo que hablamos.

Gracias por las orejas que nos disponen a la hospitalidad de las palabras, al deleite de la música, al ruido de los avisos, al anuncio de las llegadas...

Gracias por las orejas que tenemos para regalar escucha y acogida a quienes se liberan del sufrimiento narrando la cara oscura de la vida.

Gracias por las orejas con las que prestamos atención a los gritos en demanda de apoyo de quienes, quizás sin voz, expresan su necesidad de ayuda.

Gracias por las orejas que nos ponen
en relación acogedora.
Amén.
San Camilo, ruega por nosotros.

EL PERDÓN COMO CURACIÓN

Padre bueno, gracias por la vida, y gracias por el perdón como curación.

Gracias por el esfuerzo de sanar nuestro corazón cuando decidimos no vengarnos, no hacer pagar la ofensa recibida, no hacer sufrir evitablemente al ofensor.

Gracias porque nos has regalado la experiencia de la gratuidad, el deseo de la salud en nuestra mente y en nuestro corazón, vivida cuando perdonamos.

Gracias porque podemos aceptar la petición de perdón, darlo gratis, aprender humildad y trabajar por la reparación de las relaciones cuando no añaden más sufrimiento.

Gracias porque al perdonar optamos por la salud, construimos salud, regalamos salud, nos humanizamos.

Gracias por el perdón como sanación.
Amén.
San Camilo, ruega por nosotros.

EL CUIDADO

Padre bueno, gracias por la vida, y gracias por el cuidado.

Gracias por todas las actividades que hacemos para mantener, continuar y reparar nuestro mundo, de manera que podamos vivir en él lo mejor posible.

Gracias por el cuidado que nos prestamos los seres humanos recíprocamente para salir al paso de los límites, las discapacidades, enfermedades y fragilidad del morir y dolernos.

Gracias por el cuidado que logramos administrar a nuestro mundo natural, a los espacios, a la naturaleza, a los animales, a cuanto creado por el ser humano.

Gracias por el cuidado de las palabras, de los pensamientos, de los sentimientos, de los valores, de los símbolos, de la relación contigo, Padre Bueno.

Gracias por reclamarnos unos a otros el valor del cuidado esmerado y necesario para sostener la vida.

Gracias por el cuidado.
Amén.
San Camilo, ruega por nosotros.

LA TERNURA VALIENTE

Padre bueno, gracias por la vida, y gracias por la ternura valiente.

Gracias por la ternura, que es el amor que se hace cercano y concreto.

Gracias por la ternura como movimiento que procede del corazón y se expresa en los ojos, en los oídos, en las manos.

Gracias por la ternura como camino que recorren hombres y mujeres valientes y fuertes, expresando la solidaridad en sus conductas de cuidado en la fragilidad, como expresión de la opción libre de ser compasivos.

Gracias por la ternura que nos sana y nos salva de nosotros mismos, que nos hace felices, desbordantes de compasión, descentrados y gozosos en el ayudar.

Gracias por la ternura valiente.
Amén.
San Camilo, ruega por nosotros.

LA LIBERTAD

Padre bueno, gracias por la vida, y gracias por la libertad.

Gracias porque podemos estar exentos de dependencias, no apegados a lugares, no encerrados en pensamientos, actitudes, no entregados a lo que los demás piensan y dicen de nosotros.

Gracias porque somos libres. Libres de movernos, de ser dueños de nuestro pensar, de lo que hacemos con nuestro sentir, responsables de nuestro actuar.

Nos sentimos frágiles ante los atractivos de tantas cosas que pueden hacernos esclavos, dependientes, adictos, suprimiendo en nosotros la posibilidad de elegir cada vez, porque generan atractivos que reducen la libertad. Pero queremos desoír el engaño de la manipulación y ser sanamente responsables de lo que hacemos, pudiendo dar una respuesta personal, nuestra, fruto de la elección.

Gracias por la libertad con la que nos comprometemos.
Amén.
San Camilo, ruega por nosotros.

EL TACTO

Padre bueno, gracias por la vida, y gracias por el tacto.

Gracias por las personas que tienen tacto en sus relaciones, que son comedidas y prudentes, que intervienen cuando hace bien en las conversaciones, que usan las palabras correctamente y construyen puentes con ellas, paz y diálogo.

Pero gracias también por el tacto de nuestros dedos, que nos permite acertar con los movimientos, hacer tantísimas cosas buenas, útiles, artísticas, para una vida buena y virtuosa.

Gracias por el tacto que nos permite acariciar y regalar ternura, sobre todo en la fragilidad de la vida, en su pequeñez, en su decrepitud, pero también en todo momento en que acariciar nos humaniza.

Gracias por el tacto.
Amén.
San Camilo, ruega por nosotros.

LA PRESENCIA

Padre bueno, gracias por la vida, y gracias por la presencia.

Gracias porque podemos estar, con todo nuestro ser, ante otros, en el presente, con atención, con los sentidos centrados y abiertos al encuentro, a la escucha, a la compasión.

Gracias por la presencia oportuna, la presencia bondadosa, la presencia que aporta sentido al momento, al instante que tiene un valor fugaz y último.

Gracias por la presencia plena, la que logramos concentrando toda nuestra bondad y atención para ser compasivos ante el sufrimiento ajeno, para escuchar y responder, para ayudar a liberarse mediante la palabra de lo que hace daño y de lo que necesita ser comprendido y sacado del corazón.

Gracias por la presencia plena.
Amén.
San Camilo, ruega por nosotros.

EL LENGUAJE DE NOCHE

Padre bueno, gracias por la vida, y gracias por el lenguaje de noche.

Gracias, sí, porque tenemos un lenguaje de día, el de la producción, el del orden, el de la racionalidad, el de la lógica, el de la programación, el del hacer, el de ir y venir...

Pero gracias también por el lenguaje del caer del día, de la noche, con el que nos narramos en nuestras experiencias, en nuestras fatigas, en nuestras reflexiones, en nuestro sentir, en nuestro dolernos y en nuestro albergar deseos, anhelos y esperanzas.

Gracias por el lenguaje de noche que esperamos tener con quien compartir para escuchar y contar historias, narrar el pasado, poner sentido al presente, decirnos con el corazón y querernos también con las palabras.

Gracias por el lenguaje de la noche.
Amén.
San Camilo, ruega por nosotros.

LA EDAD

Padre bueno, gracias por la vida, y gracias por la edad.

Gracias por la edad que tenemos, que nos permite describir un aspecto de nuestra vida, tomar conciencia del paso del tiempo, levantar acta del momento histórico en que tenemos experiencias biográficas especiales.

Gracias por la edad que tenemos, oportunidad única para vivir el hoy con sentido y como oportunidad para ser felices y hacer felices a los demás.

Gracias por los años que nos has regalado ya, los que hemos vivido y nos han traído hasta aquí, hasta hoy. Gracias por nuestra historia, que queremos atesorar y agradecerte como regalo total.

Mil años ante Ti son como un día. El tiempo es fugaz, una pequeña porción de vida en la inmensidad de la historia y del mundo. Pero es lo que tenemos: el instante que pasa, que huye, que vivimos en presente y del que queremos sacar partido, saborearlo con gusto.

Gracias por la edad.
Amén.
San Camilo, ruega por nosotros.

LA AUSENCIA

✳

Padre bueno, gracias por la vida, y gracias por la ausencia. Gracias por el no estar de los demás, de quienes ya estuvieron, porque estuvieron. Los recordamos entrañablemente y somos también por ellos, gracias a ellos, a pesar de ellos –quizás–. Gracias por las presencias pasadas.

También nosotros queremos vivir la ausencia, saber no estar, saber retirarnos y prestar –en ocasiones– un servicio con nuestra ausencia, dejando a los demás libres, liberados, descansados, solos, con sus pensamientos, sentimientos, conductas: libres y responsables.

Deseamos saber no estar donde no es oportuno, donde genera dependencia o codependencia. Queremos saber retirarnos y vivir sanamente los vínculos. Deseamos dejar irse, soltar, reconocer la limitación de los encuentros y de las experiencias, la libertad y radical soledad del ser humano.

———

Gracias por la ausencia.
Amén.
San Camilo, ruega por nosotros.

LA PERICIA

Padre bueno, gracias por la vida, y gracias por la pericia.

Gracias por la habilidad de las personas que hacen tareas con competencia y resolución, con precisión y acierto, con oportunidad y evidencia de buenos resultados.

Gracias por la competencia de los profesionales, de los habilidosos, de los manitas. Pero gracias por las competencias que desarrollamos también en el campo relacional, en la interacción personal, para ayudar mediante la escucha, la respuesta, el silencio, la mirada, el contacto...

Gracias por las competencias que podemos adquirir para usar correctamente la palabra y hacer de ella un servicio, una oportunidad de sanación, de liberación, de reconciliación, de encuentro cualificado.

Gracias por las competencias en el uso de la palabra que corrige, de la palabra que desvela, de la palabra que confronta, de la palabra que persuade, de la palabra que motiva, de la palabra que consuela.

Gracias por las competencias relacionales
en la ayuda a quienes sufren.
Amén.
San Camilo, ruega por nosotros.

LOS ENFERMOS QUE SE ASOCIAN

Padre bueno, gracias por la vida, y gracias por los enfermos que se asocian.

Gracias por las asociaciones de enfermos que, al unirse, se convierten en fuente de experiencia, de conocimiento, de ayuda mutua, de estímulo de la investigación correcta, de denuncia de las injusticias.

Gracias por las asociaciones de enfermos que logran motivarse porque se estimulan unos a otros, se refuerzan, se informan, se apoyan, se convierten en testigos de lucha y perseverancia, de paciencia y tenacidad.

Gracias por las asociaciones de enfermos que logran generar resiliencia en sus miembros, acompañando procesos de desarrollo humano, psicológico y espiritual, procesos de crecimiento y maduración en medio de la enfermedad.

Gracias por las asociaciones de enfermos.
Amén.
San Camilo, ruega por nosotros.

CONSTRUIMOS LA PAZ

Padre bueno, gracias por la vida, y gracias porque construimos paz.

Tememos mucho a la guerra, nos dan mucha rabia las guerras. Sentimos indignación ante las muertes violentas y sin sentido que se están produciendo en tantas partes del mundo. No queremos guerra.

Gracias porque nos regalas el potencial de la paz. La queremos construir, sostener, aprovechar, vivir con gozo y aprecio.

Queremos la paz también en nuestro interior, en forma de serenidad, de bienestar y equilibrio, y nos permite disfrutar de la cotidianidad en bonanza y relación respetuosa.

Gracias por la paz en nuestras familias, en nuestros barrios, en nuestra ciudad, en nuestro país, entre países, en el mundo entero.

———————

Gracias por la posibilidad de la paz.
Amén.
San Camilo, ruega por nosotros.

LOS PECHOS QUE NOS CRIARON

Padre bueno, gracias por la vida, y gracias por los pechos que nos criaron.

Gracias porque nos engendró nuestra madre, nos parió, nos alimentó, nos cuidó, nos educó, nos veló, nos acompañó en el crecimiento y desarrollo, nos levantó cuando caímos.

Gracias porque son muchas las personas que cuidan, que dan de comer a pequeños y enfermos y ancianos y personas con discapacidad. Y los crían con ternura y bondad, aunque no sean sus hijos, aunque no los hayan parido.

Gracias por los pechos que nos criaron y nos vincularon. Gracias porque nos hiciste susceptibles de ser cuidados, vulnerables de raíz, pequeños necesitados de leche, de alimento, de atención.

Gracias por la leche espiritual que recibimos en tu Palabra, que ansiamos para cuidar y alimentar nuestro corazón.

Gracias por los pechos que nos criaron.
Amén.
San Camilo, ruega por nosotros.

LOS BESOS DE LOS ANCIANOS

Padre bueno, gracias por la vida, y gracias por los besos de los ancianos.

Gracias por los besos que dan las personas mayores agradecidas a los niños, a la familia, a los cuidadores.

Gracias porque, con los besos de los ancianos, muchas personas se sienten reconocidas en su labor de cuidar, en lo que no se paga con dinero; gratificadas por el sacrificado servicio a las personas más dependientes y necesitadas de cuidado digno para vivir bien.

Gracias por los besos de los ancianos que hablan de agradecimiento, de ternura, de bondad, de libertad, de regalo, de sentido.

Gracias por los besos de los ancianos que nos evocan la posibilidad de ser genuinamente agradecidos, humildes, entrañablemente tiernos.

Gracias por los besos de los ancianos.
Amén.
San Camilo, ruega por nosotros.

LAS ROCAS

Padre bueno, gracias por la vida, y gracias por las rocas.

Gracias por las formaciones rocosas producidas naturalmente, que son consistentes, sólidas, fuertes, compactas, resistentes, que aguantan y se mantienen a través del tiempo y ante los embates de la vida.

Gracias por las rocas como símbolo y evocación de lo eterno, de lo que permite sostenerse, apoyarse, confiar.

Gracias por las personas que son referentes sólidos en los que nos podemos apoyar en los momentos de dificultades de la vida, las personas que nos inspiran seguridad y confianza porque son auténticas, persistentes, buenas.

Gracias porque Tú eres nuestra roca y salvación, que nos permite agarrarnos cuando temblamos en nuestro caminar por senderos que nos parecen oscuros.

Gracias por las rocas.
Amén.
San Camilo, ruega por nosotros.

HUMANIZAR

Padre bueno, gracias por la vida, y gracias por *humanizar*.

Gracias por el verbo *humanizar*, que nos desafía, que nos atrae, que nos invita a conjugarlo en la cotidianidad para construir un mundo mejor, siempre mejor, más parecido a lo que puede salir de tus manos bondadosas.

Gracias porque el verbo *humanizar* nos congrega, nos reúne en torno a una causa común para todos los que deseamos construir un reino de paz y de amor, de compasión y ternura.

Gracias por todas las iniciativas que se producen para que el cuidado humanizado sea la nota distintiva de las relaciones en salud, en atención social, en educación. Queremos humanizar, cultivar lo que nos hace específicos: la compasión que podemos ofrecernos en la adversidad, el amor que nos hace vivir bien.

Gracias, Padre bueno, por humanizarte Tú, en el regalo universal de Jesús de Nazaret.

Gracias por humanizar.
Amén.
San Camilo, ruega por nosotros.

LA CIRUGÍA

Padre bueno, gracias por la vida, y gracias por la cirugía.

Gracias porque nos has hecho capaces de intervenir en el cuerpo de nuestros hermanos enfermos para sanar, para quitar aquello que se presenta amenazante para la salud y para la vida, limitante para la vida gozosa y cuidada.

Gracias por los cirujanos, que se han especializado en abrir, entrar en el cuerpo para cambiar el decurso de las enfermedades y corregir las consecuencias de los traumas.

Gracias por quienes, al incidir en el cuerpo humano, miran a su globalidad, lo respetan y honran con admiración y delicadeza, con respeto y deseo de paliar todo aquello que incomode o genere dolor y malestar.

Gracias por la cirugía y los cirujanos.
Amén.
San Camilo, ruega por nosotros.

LA MODERACIÓN

Padre bueno, gracias por la vida, y gracias por la moderación.

Gracias por la virtud del equilibrio, la ponderación, la identificación del punto medio virtuoso, la evitación de los excesos y escaseces marcadas.

Gracias porque nos podemos moderar en el consumo, en el hablar, en el seguir rutinas o desplegar costumbres.

Gracias porque nos permites comprometernos a buscar la justa medida, la que hace bien porque refuerza la libertad, la responsabilidad y la vinculación adecuada con las cosas y con las personas.

Gracias por la moderación en las costumbres que comportan repercusiones sobre otros, sobre la naturaleza, sobre la sostenibilidad de las relaciones y del cuidado de la casa común.

Gracias por la moderación que habla de virtud, de búsqueda de la excelencia y de la buena vida.

Gracias por la moderación.
Amén.
San Camilo, ruega por nosotros.

NUESTRA IDENTIDAD

Padre bueno, gracias por la vida, y gracias por nuestra identidad.

Gracias porque nos has hecho únicos, distintos, con nuestro rostro, nuestro cuerpo, nuestro temperamento, el carácter que vamos construyendo y modelando artesanalmente cada día.

Gracias por nuestra identidad circunstancial, nuestro ser tan marcado por el entorno, por lo que nos ha influido, por lo que nos ha dejado huella. Gracias por nuestra identidad circunstancial, que habla de permeabilidad, de apertura, de influencias relacionales y vinculares.

Queremos construir una identidad personal buena, que sea un regalo para la historia de la humanidad, que construya el bien y permita a los demás sacar partido de nuestra diferencia, de nuestra especificidad.

Gracias por nuestra identidad.
Amén.
San Camilo, ruega por nosotros.

LA CULTURA DEL ENCUENTRO

Padre bueno, gracias por la vida, y gracias por la cultura del encuentro.

Gracias por todos los pensamientos, actitudes, conductas, costumbres, leyes... que fomentan el encuentro entre las personas, el diálogo y el respeto recíproco, el aprecio de la diversidad y el respeto de la diferencia.

Gracias por la cultura del encuentro que se traduce en escucha, en hospitalidad compasiva, en acogida al diferente, al que viene de fuera, a quien necesita contar su historia de vida y ser respetado con ella, acompañado con cuidado.

Gracias por la cultura del encuentro en las distancias cortas, entre las personas singulares, pero también gracias por el encuentro y la escucha y el respeto entre los grupos, entre las comunidades diferentes, entre las culturas distintas, entre quienes tienen ideas que parecen contrarias.

Gracias por la cultura del encuentro
hecha escucha y hospitalidad.
Amén.
San Camilo, ruega por nosotros.

EL HUMANISMO

Padre bueno, gracias por la vida, y gracias por el humanismo.

Gracias por el pensar democrático y ético, el que fundamenta el respeto a la dignidad de las personas y la conciencia de la responsabilidad individual y colectiva.

Gracias por el humanismo como concentración de riqueza cultural, en las letras, en el pensar y la actitud vital que integra los valores humanos.

Gracias por el humanismo cristiano que cristaliza el respeto por la persona en la comunidad, en la que se realiza plenamente encarnando el valor del amor.

Gracias por el humanismo cristiano que promueve la igual dignidad de todas las personas, la libertad para hacer el bien y llevar una vida buena, la solidaridad y fraternidad universales que nos relacionan saludable y compasivamente.

Gracias por el humanismo.
Amén.
San Camilo, ruega por nosotros.

LAS WEBS QUE HUMANIZAN

Padre bueno, gracias por la vida, y gracias por las webs que humanizan.

Gracias por las páginas electrónicas, digitales, que son lugar de contenidos distintos a los que poder acceder para informarse, formarse, conectarse, solicitar y prestar servicios...

Gracias por las páginas web que contienen veracidad, que dan razón proporcionada y auténtica de la realidad material, valórica, personal de los individuos y grupos humanos.

Gracias por las páginas web que son un medio, no un fin, un servicio que no disminuye el valor del encuentro físico, del diálogo personal, del valor del cuerpo a cuerpo, y de la presencia.

Gracias por las webs que contribuyen a humanizar.
Amén.
San Camilo, ruega por nosotros.

EL CUERPO

✳

Padre bueno, gracias por la vida, y gracias por el cuerpo.

Gracias por el cuerpo sano del que disfrutamos, en silencio, gozosos, sacando partido a todas las funciones y potencialidades.

Gracias por el cuerpo cansado, que pide atención al ritmo, que reclama ir más lento y parar. Gracias por el cuerpo activo, productivo, sincronizado, que se mueve y es hábil para lograr objetivos.

Gracias por el cuerpo limitado y herido, cuando es atendido debidamente. Gracias por el cuerpo dormido, que nos marca humildad y clave de valor en sí. Gracias por el cuerpo que acaricia y es acariciado, y se relaciona en ternura y fogosidad. Gracias por el cuerpo sereno, en alabanza, arrodillado, contemplativo.

Gracias por el cuerpo muerto, que evoca la trascendencia, pide respeto, es misterio y nos abre a Ti, Padre bueno.

———————

Gracias por el cuerpo.
Amén.
San Camilo, ruega por nosotros.

LA ILUMINACIÓN

Padre bueno, gracias por la vida, y gracias por la iluminación.

Gracias por la iluminación de los espacios, de las calles, de las ciudades, de las obras de arte. Gracias por la iluminación que humaniza, que envuelve, que genera lugares favorables para la relación.

Gracias por la iluminación que somos capaces de generar en la mente, mediante la reflexión, la argumentación, el estudio, la escucha, la apertura a la novedad, al diálogo.

Gracias por la iluminación de la inspiración, de la creatividad, de la innovación, del encuentro dialógico, de la cultura.

Gracias por iluminarnos el camino del bien, de la bondad, de la belleza, de la verdad. Gracias por iluminar nuestro camino, nuestra vocación.

Gracias por la iluminación.
Amén.
San Camilo, ruega por nosotros.

LA PRECARIEDAD

Padre bueno, gracias por la vida, y gracias por la precariedad.

Gracias, sí, por la precariedad que nos caracteriza, la indigencia y la necesidad de otros para vivir, para ser cuidados, para caminar en la vida, para dar sentido a la cotidianidad.

Gracias por la precariedad que, al definirnos, nos abre al cuidado, a dejarnos cuidar, a compadecernos, a ser solícitos ante la necesidad de los demás.

Gracias por la precariedad de todo lo que somos y tenemos, aunque lo miremos con orgullo y, en ocasiones, con aires de grandeza y admiración.

Gracias por la precariedad que nos abre a los demás.
Amén.
San Camilo, ruega por nosotros.

LA SENSIBILIDAD

Padre bueno, gracias por la vida, y gracias por la sensibilidad.

Gracias porque somos capaces de sentir, de ser afectados, tocados, alterados, al abrirnos al mundo y a los demás.

Gracias por la sensibilidad artística, por la sensibilidad contemplativa, por la sensibilidad biológica de las sensaciones, de los sentimientos, de los movimientos.

Gracias por la sensibilidad que nos hace finos, atentos, perceptivos, acogedores y receptivos de las experiencias significativas de los demás.

Gracias por la sensibilidad ante las preocupaciones, dolores y sufrimientos de nuestros semejantes. Gracias por la sensibilidad ante las necesidades de quien nos rodea y de los lejanos, pero también hermanos nuestros.

Gracias por la sensibilidad.
Amén.
San Camilo, ruega por nosotros.

PODEMOS VISLUMBRAR

Padre bueno, gracias por la vida, y gracias porque podemos vislumbrar.

Gracias porque podemos intuir, captar, ver de manera aproximada las realidades, los planteamientos, los significados, las eventuales soluciones para los problemas y desafíos de nuestra vida.

Gracias porque, a veces, captamos también de lejos las realidades y las necesidades, el fondo de las cosas y las preocupaciones de las personas.

Gracias porque podemos vislumbrar la hondura humana, la grandeza del universo, la profundidad del amar y del sufrir humanos.

Gracias por los indicios, las señales, los indicadores que encontramos en la vida para acercarnos a ver, un día, cara a cara.

―――――

Gracias porque podemos vislumbrar.
Amén.
San Camilo, ruega por nosotros.

LA SALUD LIMITADA

Padre bueno, gracias por la vida, y gracias por la salud limitada.

Gracias por la experiencia de salud, que vivimos siempre con salvedades, con límites, con equilibrio precario.

En ocasiones sentimos que «estamos como una rosa», pero nuestro cuerpo se muestra limitado, así como nuestra mente y nuestras relaciones.

Queremos vivir sanamente la salud real, la salud regalada, la salud lograda, la salud cuidada, la salud limitada, anhelando hondamente salud plena.

Gracias por hacernos conscientes del valor de la salud encarnada en cada día de vida, en cada momento de armonía y suficiente equilibrio para que la enfermedad, el cuerpo o la mente enfermos, no nos priven del sentimiento de nuestra propia identidad.

Gracias por la salud limitada.
Amén.
San Camilo, ruega por nosotros.

EL FIN DE LA JORNADA

Padre bueno, gracias por la vida, y gracias por el fin de la jornada.

Gracias porque el día termina, anochecido, oscurecido, vivido conscientes y agradecidos.

Gracias porque la jornada termina y, así, deseamos el descanso, el sueño, la retirada de la atención, la soledad, la relajación, con la esperanza firme en un día nuevo, renovado, una gracia nueva para seguir la vida gozosa y regalada.

Gracias porque, al anochecer, somos invitados a expresarte el agradecimiento, la conciencia de nuestra recepción de gracia permanente, sostenedora.

Gracias por las jornadas limitadas, que nos invitan a superar los conflictos, a abrirnos a la novedad, al reencuentro, a la pacificación de los corazones, a la entrega de nuestra vida, a saborear la espera del mañana.

Gracias por el fin de la jornada.
Amén.
San Camilo, ruega por nosotros.

PERDONAMOS

Padre bueno, gracias por la vida, y gracias porque perdonamos.

Perdonamos, decidimos vivir sanamente, no damos de comer al rencor, sanamos el corazón herido, y nos hace bien.

Pedimos perdón, nos disculpamos, nos mostramos limitados y equivocados, dolidos por haber hecho daño, deseosos de paz en el corazón ofendido.

Cuando es oportuno, nos reconciliamos, reconstruimos las relaciones rotas, dañadas por las ofensas, por el orgullo, por la impaciencia, por la agresión incontrolada.

Gracias porque, perdonando, pidiendo perdón, dejándonos perdonar, reconciliándonos, adquirimos salud.

No queremos que ningún día se cierre con la acritud del rencor.

Gracias porque perdonamos.
Amén.
San Camilo, ruega por nosotros.

LA COMPAÑÍA FIEL

✳

Padre bueno, gracias por la vida, y gracias por la compañía fiel.

Gracias por la compañía, por quienes están cerca de nosotros viviendo, construyendo familia o comunidad, fieles a la relación y al compromiso asumido, cargando con el peso de la ayuda recíproca y el gozo de las bondades compartidas.

Gracias por la compañía silenciosa, la que muestra la humildad del cotidiano convivir, la que es rutinaria, pero respetuosa y convivencial.

Gracias por la compañía de quienes se hacen compañeros de camino con presencias temporales, breves, solidarias, amistosas, de vecindad, de ciudadanía, de fraternidad. Gracias por las compañías oportunas, limitadas, pero fieles.

———

Gracias por la compañía fiel.
Amén.
San Camilo, ruega por nosotros.

NOS DECIMOS ADIÓS

Padre bueno, gracias por la vida, y gracias por decirnos adiós.

Gracias porque nos saludamos, nos deseamos salud, nos encontramos, nos damos cita, compartimos tiempo y pasiones, pero también nos separamos, nos desvinculamos, nos decimos adiós.

Deseamos saber decir adiós, terminar el tiempo compartido, saber despedirnos, dejar ir, soltar, respetar la finitud de todo vínculo.

Gracias porque nos regalas los encuentros limitados, la vida limitada, las relaciones limitadas. Todo tiene un fin y nos pides que nos separemos en las coordenadas de este tiempo y espacio.

Gracias porque nos permites aprender a despedirnos, a soltar y separarnos, a decirnos sanamente adiós.

———◆———

Gracias porque nos decimos adiós.
Amén.
San Camilo, ruega por nosotros.

PODEMOS CRECER

Padre bueno, gracias por la vida, y gracias porque podemos crecer.

Gracias porque nos regalas la posibilidad de caminar, de crecer, de madurar, de abrirnos a nuevos conocimientos, a nuevas experiencias, haciendo tesoro de ellas y viviendo mejor, más sabiamente, más solidariamente, más agradecidos.

Gracias porque, cultivando el espíritu, mediante la cultura, la escucha, el arte, la contemplación de la naturaleza, el encuentro de calidad, los ritos y símbolos, las costumbres y creencias..., crecemos.

Queremos conservar nuestra identidad personal y comunitaria, pero también crecer, cambiar, salir del inmovilismo y desarrollar más y mejor las virtudes humanas.

Gracias porque podemos crecer y madurar.
Amén.
San Camilo, ruega por nosotros.

LA AUTENTICIDAD

Padre bueno, gracias por la vida, y gracias por la autenticidad.

Gracias por los logros de sinceridad y verdad que alcanzamos con nosotros mismos y con los demás.

Gracias por la transparencia en nuestro sentir, pensar y actuar. Gracias por la sincronía entre nuestros mundos interior y exterior, entre lo no transmitido y lo revelado abiertamente.

Gracias por la búsqueda que hacemos de la coherencia y verdad en nuestro ser y en nuestro relacionarnos con los demás.

Gracias por la autenticidad hecha bondad de corazón, apertura a los demás, respeto de la verdad y sintonía entre formas y ser.

Gracias por la autenticidad que nos hace buenos y únicos, limpios y sanos de corazón.

Gracias por la autenticidad.
Amén.
San Camilo, ruega por nosotros.

SERES QUERIDOS FALLECIDOS

Padre bueno, gracias por la vida, y gracias por nuestros seres queridos fallecidos.

Gracias por el recuerdo saludable, porque los traemos a nuestro corazón con agradecimiento y paz. Gracias porque fueron un regalo para nosotros; gracias por su santidad, su bondad, su dimensión positiva, desplegada también entre límites.

Gracias por la esperanza que nos regalas en el encuentro en Ti, cuando también nosotros terminemos nuestro camino terrenal y seamos todos uno en tu seno.

Gracias por el bien que genera lo bueno compartido, la comunión de lo santo, la bondad que se extiende y alcanza a todos cuando se comparte.

Gracias por nuestros seres queridos fallecidos.
Amén.
San Camilo, ruega por nosotros.

EVOCAMOS A LOS DIFUNTOS

Padre bueno, gracias por la vida, y gracias porque evocamos a los difuntos.

Gracias por nuestra capacidad de dar cabida en nosotros al recuerdo sanado, portador de perdón y agradecimiento.

Gracias porque, al evocar a los difuntos, nos sentimos pequeños, de paso; tomamos conciencia de que también nosotros, un día, estaremos en el recuerdo de quienes nos quieren.

Gracias porque, al evocar a los difuntos, nos comprometemos a honrar el legado espiritual que nos dejaron, la parte positiva que aportaron a la humanización del mundo.

Gracias porque, al visitar los cementerios o columbarios, o al traer a la mente a los difuntos, integramos nuestra finitud con sabiduría y aprendizaje.

Gracias por los difuntos.
Amén.
San Camilo, ruega por nosotros.

LAS NOVEDADES

Padre bueno, gracias por la vida, y gracias por las novedades.

Gracias por lo que descubrimos como nuevo en el conocimiento, en la naturaleza, en nosotros mismos, que nos plegamos sobre nosotros para reflexionar.

Reconocemos que somos una pequeña línea vertical precaria, necesitada de cuidado, pero plegada sobre sí misma en su capacidad reflexiva, y abierta al infinito.

Gracias por nuestra pequeñez y nuestra apertura, que nos hace humildes, porosos, conscientes de que sentimos, con profundidad, pero con herida.

Gracias por nuestra sencilla verticalidad también herida, que nos abre al cuidado del prójimo, que nos dispone, con la fina piel, a acoger a quienes nos hacen ser.

Gracias por las novedades.
Amén.
San Camilo, ruega por nosotros.

LAS ASOCIACIONES CULTURALES

Padre bueno, gracias por la vida, y gracias por las asociaciones culturales.

Gracias por las personas que se reúnen para hacer el bien en torno a las tradiciones culturales, a los cantos típicos, a las identidades regionales, a las convicciones y creencias, a los objetivos compartidos.

Gracias por las asociaciones que nacen de la búsqueda del bien en su dimensión comunitaria, colectiva; que muestran la bondad de la iniciativa social, el desinterés y el compromiso por cultivar relaciones y vínculos saludables, constructivos, de sentido.

Gracias por las asociaciones que trabajan para que la cultura llegue a las personas más desfavorecidas, marginadas y excluidas, y por aquellas que contribuyen a la amistad social y la participación cultural.

Gracias por las asociaciones culturales.
Amén.
San Camilo, ruega por nosotros.

EL ADVIENTO

Padre bueno, gracias por la vida, y gracias por el Adviento.

Gracias por el tiempo que aprovechamos para tomar conciencia de nuestra dinámica de esperanza en Ti, de preparación para la celebración del misterio de tu encarnación.

Gracias por regalarnos tiempos preciosos, tiempos de oportunidad, tiempos de aprovechamiento reflexivo, tiempos de mirada contemplativa y de apertura al misterio.

Gracias por el Adviento, por lo que viene, por lo que podemos esperar, por lo que podemos construir, por lo que aún no está realizado del todo. Gracias por la esperanza.

Disfrutamos esta posibilidad de cuidar la espera no satisfaciendo todo lo que deseamos, sino disfrutando de la espera, del anhelo, del deseo de lo que llegará, también con nuestro concurso para que llegue.

Gracias por el Adviento.
Amén.
San Camilo, ruega por nosotros.

EL LIDERAZGO

Padre bueno, gracias por la vida, y gracias por el liderazgo.

Gracias por la posibilidad que tenemos de creatividad, de responsabilidad, de pasión por causas nobles, y de motivar y arrastrar a otras personas.

Gracias por los líderes honestos, sinceros, transparentes, de motivaciones sanas y permanentemente purificadas.

Gracias por los líderes que arrastran con su capacidad de convicción, su testimonio, su compromiso bondadoso que da participación y logra equipos de eficacia y de humanización.

Gracias por los líderes que son maestros y testigos de los valores que proclaman, que son ejemplo sin ser perfectos, que son misericordiosos sin hacerse cómplices del mal.

Gracias por los buenos líderes y el liderazgo.
Amén.
San Camilo, ruega por nosotros.

LA CONSTITUCIÓN

Padre bueno, gracias por la vida, y gracias por la Constitución.

Gracias por el marco legal que nos permite arbitrar los derechos y las obligaciones de los individuos y de las instituciones en un país democrático.

Gracias por las leyes justas que somos capaces de darnos para vivir en armonía, equilibrio, paz, respeto de identidades, cuidados recíprocos.

Gracias por los marcos legales que logramos cumplir promoviendo la igualdad de los ciudadanos, la protección de los más frágiles, la libertad que humaniza, la salud que nos permite vivir gozosos, la educación que da sabor de valores a nuestras conductas.

Gracias por el compromiso de democratizar todos los países, porque nos desafías a hacer que todas las convivencias sean justas, porque esperas de nosotros un mundo de humanización.

Gracias por la Constitución.
Amén.
San Camilo, ruega por nosotros.

EL RELATO
DE LA DESHUMANIZACIÓN

Padre bueno, gracias por la vida, y gracias por el relato de la deshumanización de la salud.

Gracias por las personas que logran contar, escribir, transmitir lo que de deshumanizador hay en las relaciones de cuidado sanitario, en el mundo de la asistencia sanitaria que necesita personalización.

Gracias por todos aquellos que ponen palabras a los desafíos humanizadores en las relaciones de cuidado, reclamando así valores nobles que dan sentido al diagnosticar, curar, cuidar, rehabilitar, paliar, prevenir...

Gracias por quienes, desde la enfermedad, nos invitan a mirar la fragilidad con ojos compasivos, con ojos empáticos, con conductas sanadas y sanadoras.

Gracias por el relato que desafía, que denuncia, que desvela, que apunta, que vislumbra y describe el bien al que tender.

———————

Gracias por la bondad del relato
de la deshumanización.
Amén.
San Camilo, ruega por nosotros.

LA INMACULADA

Padre bueno, gracias por la vida, y gracias porque celebramos la Inmaculada Concepción.

Gracias porque podemos evocar a María, madre de Jesús, que nos pone en el camino del sí a dejarnos habitar por el Espíritu Santo, por Ti mismo que te haces cercano y nos invitas a ser humanos de raíz, sin querer ser dioses cerrados en las alturas del riesgo de la deshumanización.

Gracias porque nos regalas a María como mujer referente en la fe cristiana, como mujer abierta al nacimiento de un mundo nuevo, de una posibilidad nueva de transformación de todo lo que no humaniza.

Gracias por María, referente femenino de vocación al bien, de apertura al misterio, de humildad ante la vida nueva que representa cada ser humano.

Gracias porque celebramos a María.
Amén.
San Camilo, ruega por nosotros.

CULTURA DE LA PROTECCIÓN

Padre bueno, gracias por la vida, y gracias por la cultura de la protección.

Gracias por todos los esfuerzos que el mundo hace por promover una cultura de la protección de los menores y de las personas vulnerables. Gracias por la creciente sensibilidad ante los abusos de toda naturaleza.

Gracias por los que ponen de manifiesto los abusos, gracias por las informaciones veraces y sin sesgo, gracias por las dinámicas motivadoras que refuerzan el deseo de erradicar toda forma de abuso de poder.

Gracias por las instituciones que se comprometen a escuchar a las víctimas, a ayudar a los dañados, a acompañar a los que han hecho daño, a hacer justicia y restaurar un nuevo orden relacional humano.

Gracias porque nos sentimos interpelados en las familias, para respetarnos siempre, para acompañar procesos de crecimiento impregnados de respeto.

Gracias por la protección de los menores.
Amén.
San Camilo, ruega por nosotros.

VESTIDOS DE ALEGRÍA

Padre bueno, gracias por la vida, y gracias por los vestidos de alegría.

Gracias por las personas que visten su rostro de alegría, particularmente las que lo hacen en medio de la adversidad, en la enfermedad, en las dificultades.

Gracias por los rostros alegres, que contagian bienestar, que transmiten buen ánimo, que son capaces de mirar gozosos aun en medio del sufrimiento.

Gracias por quienes, tras las crisis, deciden y logran vivir sin dedicarse solo a subrayar la dimensión negativa, sino que, vestidos de alegría, logran altos niveles de motivación y disfrute de la vida, habiendo aprendido de las dificultades.

Gracias por los rostros alegres,
los que se visten de alegría.
Amén.
San Camilo, ruega por nosotros.

LA SALUD FRÁGIL

Padre bueno, gracias por la vida, y gracias por la salud frágil.

Gracias porque disfrutamos cada día de niveles de salud siempre frágiles, siempre limitados por el lábil equilibrio de funciones y órganos.

Gracias porque nos regalas la conciencia de la salud, que se hace mayor al experimentar los límites vividos en forma de síntomas que reclaman atención.

Gracias por todo lo que funciona bien en nuestro cuerpo y en nuestra mente. Deseamos aprovecharlo como posibilidad de vivir con sentido agradecido y relacional, haciendo de nuestra cotidianidad una obra de arte de experiencia de vida.

Gracias por la salud, que queremos vivir de manera consciente, comprometida, cuidada y agradecida.

Gracias por la salud frágil.
Amén.
San Camilo, ruega por nosotros.

LOS QUE SE SACRIFICAN

Padre bueno, gracias por la vida, y gracias por los que se sacrifican.

Gracias por quienes miran el sacrificio como una cara del servicio, del amor, de la disponibilidad para el cuidado. No queremos sacrificios que generen malestares sin finalidad, sin sentido, doloristas.

Apostamos por la disponibilidad para ayudar y acompañar, también de manera sacrificada, renunciando a bienestares o pasividades que descomprometen, que abandonan o generan pasividad.

El cuidado, la solidaridad, la compasión, también piden sacrificio, abnegación, hecha disponibilidad y atención centrada en las personas necesitadas.

Gracias por los que se sacrifican para cuidar bien, cuidándose justamente.
Amén.
San Camilo, ruega por nosotros.

LOS FRUTOS DEL ESPÍRITU

Padre bueno, gracias por la vida, y gracias por los frutos del Espíritu.

Gracias por lo que el Espíritu produce en nosotros en forma de actitudes y frutos: el amor, el gozo, la paz, la paciencia, la benignidad, la bondad, la fe, la mansedumbre, la templanza.

Acogemos al Espíritu en nuestros corazones porque nos colma de frutos que nos humanizan y nos ayudan a construir un mundo más humano de manera eficaz.

Acogemos los frutos del Espíritu y dejamos que nos llenen con su poder de transformar nuestros corazones.

Acogemos el compromiso, al portar el Espíritu, de ser mejores personas en nuestras conductas, en nuestras relaciones.

Gracias por los frutos del Espíritu.
Amén.
San Camilo, ruega por nosotros.

LOS DUELISTAS

Padre bueno, gracias por la vida, y gracias por las personas que observan, estudian, describen e investigan el duelo.

Gracias por los duelistas que se hacen expertos en comprender y acompañar a quien sufre por la muerte de un ser querido.

Gracias por los duelistas que se especializan en escuchar y reforzar, motivar, consolar e infundir esperanza en los dolientes y enlutados.

Gracias por los duelistas que miran con ojos tiernos y competentes, que acompañan en los duelos complicados a reponerse, reinventarse, integrar la amputación que supone la muerte de un ser querido.

Gracias por los duelistas que, con su experiencia y preparación, enseñan y escriben y preparan expertos para ayudar en el duelo.

Gracias por los duelistas.
Amén.
San Camilo, ruega por nosotros.

LAS UNIVERSIDADES QUE INVESTIGAN

Padre bueno, gracias por la vida, y gracias por las universidades que investigan.

Gracias por el mundo académico que no solo se dedica a la transmisión de conocimientos existentes, sino que también busca e investiga con el fin de aumentarlos, de conocer la verdad y de poner sus hallazgos al servicio de la humanidad.

Gracias por las universidades que estimulan la investigación de sus docentes y alumnos, que acompañan con transparencia en los procesos, con pureza en las motivaciones, con rigor en las metodologías.

Gracias por las universidades que se interesan por generar conocimiento para construir un mundo más humano, para humanizar las realidades y dinámicas de la vida.

Gracias por las universidades que investigan.
Amén.
San Camilo, ruega por nosotros.

EXPERTOS EN CATÁSTROFES

Padre bueno, gracias por la vida, y gracias por los expertos en catástrofes.

Gracias por los profesionales de la intervención en crisis, que están dispuestos y preparados para salir al paso de las catástrofes de la naturaleza, del impacto de las adversidades climáticas sobre las personas y las poblaciones e infraestructuras.

Gracias por los que se forman en la serenidad para intervenir en la crisis, en el caos, en el desorden, en la tragedia que viven las personas afectadas por los acontecimientos destructivos, devastadores, críticos.

Gracias por quienes se especializan en procesos de intervención sobre las cosas, pero también por quienes se hacen expertos en acompañar a las personas a atravesar de manera resiliente los traumas.

Gracias por los expertos en crisis.
Amén.
San Camilo, ruega por nosotros.

CULTIVAMOS LA ESPERANZA

Padre bueno, gracias por la vida, y gracias porque cultivamos la esperanza.

Cultivamos la esperanza de lo que deseamos que llegue, alimentamos la ilusión, cuidamos con detalles, símbolos, disposición anímica, el advenimiento de lo deseado.

Gracias, Padre bueno, porque, al celebrar el Adviento, nos desafiamos a esperar, a no satisfacer los deseos sin aguardar, a no consumir anticipadamente todos los signos y símbolos de lo que esperamos, a no matar la esperanza.

Sentimos que la esperanza corre por nuestras venas, nos da sentido y confianza en el porvenir, nos invita a la paciencia y a la tenacidad, a la perseverancia y al coraje en la espera.

Cultivamos el anhelo de mejorar, de llevar las cosas de como son a como sentimos honda y comunitariamente que deberían ser.

Gracias porque cultivamos la esperanza.
Amén.
San Camilo, ruega por nosotros.

Cerrando el libro

La gratitud puede entenderse como una filosofía de vida. Hace bien a quien la cultiva, genera bienestar y salud. Cuando la gratitud es expresada, dirigida a Dios, se convierte en una de las formas más nobles de oración. Lo sería también si naciera en los momentos de adversidad; no tanto por el mal en sí mismo como por lo que la mirada puede detectar de bien y de misterio en el corazón del ser humano compasivo y solidario, que acompaña y alivia en el sufrir.

Al terminar estas páginas, que deseamos hagan bien al lector, a los grupos que puedan leerlas en voz alta, a las personas que reciban este libro como regalo, así como a aquellas a las que les cuesta vivir agradecidas, dirigimos nuestra mirada al Padre bueno y reconocemos nuestra fraternidad universal.

Padre bueno, gracias por la vida,
y gracias por la fraternidad universal.

Nos une la misma condición de vulnerables y frágiles, somos universalmente hermanos. Pero muchos se sienten vulnerados, víctimas de dinámicas de deshumanización, de exclusión, de discriminación, de maltrato, de violencia.

Anhelamos la encarnación de la bondad en nuestros corazones. Deseamos el nacimiento de lo genuinamente humano en nuestras dinámicas. Esperamos el cambio de los corazones endurecidos, deshumanizados, que no muestran su ternura para con los semejantes.

Gracias por el corazón blando que puede abrirse camino entre nosotros si acogemos tu presencia, tu venida a este mundo sediento de paz, de ternura, de fraternidad.

Gracias por la fraternidad universal.

Gracias también por estas páginas que pretenden humanizar por el camino del agradecimiento. Amén.